Yohan Hubert

Urban Gardening

Gemüse anbauen ohne Garten

Aus dem Französischen von Sabine Hesemann

Ulmer

Inhalt

Vorwort

Zum Frühlingsbeginn kommen nicht wenige Menschen in die Versuchung, Gemüse auf dem Balkon anzubauen. Gewöhnlich benötigt man dazu anfangs nur einen Topf, Erde und etwas Saatgut. Und das Abenteuer nimmt seinen Lauf: von den aufgehenden Sämlingen bis zur Ernte. In Wirklichkeit ist es aber eine Geschichte mit allen Höhen und Tiefen.

Weil sie ihrem Garten nicht so viel Zeit widmen können und nicht immer zum Gießen da sind oder weil die Anbaufläche oft ziemlich klein ausfällt und die Klimabedingungen dort außergewöhnlich sind, können viele Menschen nicht an einen Gemüseanbau denken, wie ihn unsere Großeltern betrieben. Wer es trotzdem versucht, merkt rasch, wie schwer die Umsetzung unserer Vorstellung vom traditionellen Gemüsegarten in einem städtischen Rahmen ist.
Der Gemüseanbau auf der Terrasse oder dem Fenstersims erfordert Sachkenntnis, Praxis und Umsicht. Dieses Buch ist als Anleitung gedacht, mit dem Ziel innovative und leicht umzusetzende Anbauverfahren für Gemüse all jenen zu präsentieren, die dort Gemüse anbauen möchten, wo echte Erde (also Boden) nur in geringer Menge oder gar nicht vorhanden ist. Die detaillierten Kulturanleitungen zum bodenfreien Anbau sollen eine Hilfestellung sein, beispielsweise zum Gärtnern auf dem Balkon. Sich mit Klima, Pflanzenernährung, Pflanzenkrankheiten und Schädlingen vertraut zu machen, wird anfangs zweifellos Mühe machen, doch Geduld und Erkenntnisgewinn werden später durch reiche Ernten wettgemacht.

In einer Verbindung von Funktionalität und Produktivität hält der Schatten des Balkons das Gemüse bis zum Verzehr frisch.

Die Freuden des Gärtners sind zahlreich: zusehen, wie die Pflanzen von selbst gedeihen, und sich dabei die Zeit zum Verkosten der delikaten Erzeugnisse nehmen.

Besonders für Kinder in der Stadt bietet der Anbau ohne Kultursubstrat ein weites Experimentierfeld.

Einleitung

Kultur ohne Boden: eine Definition

Dieser Begriff fasst alle Techniken zusammen, bei denen sich Pflanzen außerhalb des Erdbodens entwickeln. Alte Techniken wurden dank agrarwissenschaftlicher Recherchen zum Nährstoffbedarf von Pflanzen verbessert und neue Methoden wurden entwickelt. **Hydroponik** zählt dabei zu den populärsten. Dieser Fachbegriff (zusammengesetzt aus den griechischen Wörtern *hydor* = Wasser und *ponos* = Arbeit) bedeutet wörtlich übersetzt „Arbeit des Wassers". Darunter fallen Anbautechniken ohne Erde, bei denen die Wurzeln in einem absolut nährstofflosen Substrat stehen. Die Nährstoffe werden ausschließlich durch eine Lösung aus Wasser und Dünger bereitgestellt. Um die Pflanzen zu ernähren, verwenden die meisten Anbauunternehmen eine fertige mineralische Düngemischung, hergestellt aus chemisch synthetisierten (künstlichen) Stoffen und natürlichen Rohstoffen. Die Kultur ohne Boden kann aber auch in herkömmlichen **Kübeln** (z. B. mit organischem Substrat wie Kokosfasern) erfolgen.

Während der letzten Jahre hat ein bemerkenswerter Fortschritt bei der Suche nach neuen Nährstoffquellen zu **biologischen Anbautechniken ohne Erde** (mit Substraten oder ganz ohne Substrat) geführt. Diese Anbauformen sehen den Einsatz von organisch gewonnenen Düngemitteln zur Pflanzenernährung vor. Betrachtet man den Anbau ohne Erde unter biologischen Aspekten, eröffnet sich eine ganz neue Dimension: Basierend auf der Bandbreite der biologischen Vielfalt entwickelt sich ein lebendiges natürliches Milieu. Ein ausgeglichenes Ökosystem entsteht, in dem Bakterien, Pilze und Insekten zusammen am Wachstum des Gemüses arbeiten. Alle Anbaumethoden mit oder ohne Sub-

Wenn die Pflanzen ohne Bodenkontakt in die Höhe wachsen, bleibt unten mehr Platz für den Gärtner.

Nichts geht über die Erntefreuden bei Früchten aus eigenem Anbau und über den Genuss gesunder, pestizidfreier Produkte.

strat sind bei diesem biologischen Ansatz anwendbar. Außerdem bedingt die Kultur ohne Erde eine Verringerung der Umwelteinflüsse auf den Anbau, in allen Stadien seiner Entwicklung. Im Gegensatz zu Anbaupraktiken mit mineralischen Düngern bringt diese Methode echte Lösungen für den lokalen Anbau von Nahrungsmitteln, die Abfallverwertung und den Wasserbedarf mit sich. Sie lässt sich individuell praktizieren, erfordert wenig Pflege und gewährleistet mehr Widerstandskraft der Pflanzen gegen äußere Einflüsse.

Nutzen für den urbanen Gärtner

Der Anbau ohne Boden hat für den Gärtner zahlreiche Vorteile. Man kann die ganze Saison über frische Produkte in unmittelbarer Reichweite genießen. Um Gartenbau und Urlaubsreisen miteinander zu vereinbaren, ist es möglich, die meisten Gemüsegärten ohne Boden automatisiert zu betreiben. Durch ergonomisch gestaltete Pflanzenträger wird die Arbeit an den Pflanzen erleichtert: Man kann aufrecht stehend arbeiten.

Sobald der Frühling kommt, müssen wir normalerweise Kübelpflanzenerde kaufen, sie bis auf den Balkon schleppen, dann in die Töpfe verteilen und am Ende die verbrauchte Erde wegschaffen. Die in diesem Buch vorgestellten Verfahren bieten dazu eine einfache Alternative. Man kann das eigene Sortiment an Kräutern und Gemüse zusammenstellen, ohne alljährlich säckeweise Erde zum Füllen großer Kübel herbeischaffen zu müssen. Umgraben, Rechen und Hacken sind nicht erforderlich und die Gartenarbeit wird auf ein Minimum reduziert.

Der durch den Einsatz von Technik mögliche Raumgewinn erlaubt die deutliche Vergrößerung der Anbaufläche. Selbst an den ungewöhnlichsten Stellen werden Sie noch eine Anbaumöglichkeit entdecken.

Der Anbau mit Substrat erleichtert den Pflanzentransport und bietet durch die Wasserspeicherkapazität generell eine größere Autonomie zwischen den Bewässerungsphasen.

Sie können Gemüse und Obst auf dem eigenen Balkon ernten und Sie haben die Qualität Ihrer Produkte selbst in der Hand, weil Sie Ihre Pflanzen selbst versorgen. Einen Teil, wenn nicht sogar den gesamten Bedarf an Kräutern, Beerenobst und saisonalem Gemüse, können Sie selbst decken. Den Weizen für Ihr tägliches Brot müssen Sie allerdings weiterhin kaufen.

Eine der ersten Fragen bei der Lebensmittelproduktion in der Stadt betrifft die mögliche Verunreinigung durch Schwermetalle (Verschmutzungen durch Fahrzeugverkehr und Industriebetriebe). Im Jahr 2010 wurde eine Ernte bestehend aus Paprika, Tomaten, Basilikum und Minze, die mitten in Grenoble in bodenfreier Kultur gezogen wurde, einer chemischen Analyse im Labor unterzogen. Die nicht signifikanten Spuren von Kohlenwasserstoffen und das Fehlen von Pestiziden bestätigten, dass die Produktion gesunder Lebensmittel in der Stadt möglich ist. Studien zeigen, dass der Anbau in der Erde im städtischen Umland vergleichsweise stärker kontaminiert ist. Dieses Faktum erklärt sich durch die Filterwirkung des Bodens, in dem sich die Schadstoffe anreichern und von den Pflanzen über das Wurzelsystem aufgenommen werden.

In größeren Betrieben fallen die verschiedensten Behälter an, sammeln Sie, was sich in Bezug auf Größe und Material eignet.

Wer die Verwertung von Abfällen miteinbeziehen möchte, dem bieten sich durch Wurmkompostierung organischer Haushaltsabfälle und Wiederverwendung von Kunststoffbehältern aus der Nahrungsmittelindustrie interessante ökologische und ökonomische Perspektiven, wobei Qualität und Ertrag gewährleistet bleiben. Selbst wenn die Verwendung von Mineralölprodukten im Zusammenhang mit Ökologie widersprüchlich scheint, so kann man die Kunststoffe wenigstens aufgrund ihrer Kohlenstoffbilanz auswählen, beispielsweise ob sie dauerhaft wiederverwertet werden können. Sehr unterschiedliche Techniken werden derzeit unter dem Begriff bodenfreier Anbau subsummiert. Man unterscheidet Kulturen ohne Substrat und Kulturen mit Substrat.

Der **Anbau mit Substrat** zählt zu den mit Abstand am häufigsten verwendeten Verfahren des Erwerbsanbaus. Dabei stehen die Pflanzen in einem lichtun-

Lichteinfall an den Wurzeln führt zu einem deutlichen Ertragsrückgang und zu verlangsamtem Wachstum der Pflanzen.

durchlässigen, aber wasserdurchlässigen Behälter, worin sich ein organisches Substrat (Komposterde, Kübelpflanzenerde usw.) oder ein mineralisches Substrat (Blähton, Puzzolan usw.) befindet. Die Pflanzenernährung erfolgt durch eine Mischung aus organischen und/oder mineralischen Düngern, die entweder den Gefäßen von oben zugegeben wird oder durch den Kapillareffekt aufsteigt.
Der **substratlose Anbau** fasst eine Auswahl an Techniken zusammen, bei denen die Pflanzen kein oder nur eine geringe Menge festen Materials zum Durchwurzeln finden. Die gesamte Pflanzenernährung erfolgt durch eine Mischung mineralischer und/oder organischer Flüssigdünger. Diesen Anbaumethoden, die sich besonders gut bei Flächen ohne urbare Böden eignen, schenkt man wieder mehr Beachtung, seit organische Dünger mit Mikroorganismen verwendet werden. Dadurch ist die Ernährung der Wurzeln und ein ausgeglichenes Wurzelwachstum gewährleistet, indem pathogene, die Pflanze zerstörende Pilze abgewehrt werden.
Die methodischen Anleitungen in diesem Buch passen die Produktionssysteme für den Hausgebrauch an. Es finden sich Anleitungen für einen ertragreichen Anbau von der Planung bis zur Ernte.

Mögliche Vorteile der Kultur ohne Boden

- Die Verwendung von Regenwasser erlaubt den Einsatz der in Städten oft problematischen Ressource Wasser.
- Durch die Verwendung organischer Düngemittel können organische Abfälle wiederverwertet werden.
- Am Ende der Saison entsteht keinerlei nicht kompostierbarer Abfall.
- Der Anbau wird durch den Einsatz erneuerbarer Energien und mechanischer Systeme autonom.
- Die Wiederverwendung der Nährlösungen spart Wasser und Dünger.

Der erhöhte Standort des Gemüsegartens sieht attraktiv aus und die Pflanzen sind in geringerem Maße Schnecken und anderen Schädlingen, die am und im Boden leben, ausgesetzt.

Gärtnern ohne Garten

Wir haben es beim bodenfreien Anbau von Pflanzen mit einem Milieu zu tun, das sich nicht spontan regenerieren kann, da es nicht wie in einem ausgeglichenen natürlichen Ökosystem einen kompletten Stoffkreislauf aufweist. Es muss also ins System eingegriffen werden – in unserem Fall müssen Wasser und Nährstoffe von außen zugefügt werden.
Sofern es sich um den Anbau in der Stadt handelt, sind außerdem die klimatischen Besonderheiten eines städtischen Ökosystems zu bedenken. Die Faktoren Abwärme von fossilen Brennstoffen (aus Produktionsprozessen, Heizungen oder Fortbewegung), Einwirkung von Gebäuden auf Lichtverhältnisse und Strömung der Luftmassen sind Beispiele hierfür.

Wasserbedarf

Wasser darf im Leben der Pflanzen auf keinen Fall fehlen. Es macht den Transport und die Aufnahme der für das Wachstum notwendigen Stoffe möglich und verleiht dem Pflanzengewebe Elastizität und Festigkeit. Das Eindringen des Wassers in die Membranen „pumpt" die Zellen auf und produziert den Druck, der nötig ist, um die Gesamtstruktur der Pflanze zu erhalten.

Zwei Phänomene im Zusammenhang mit der Wasseraufnahme haben eine negative Auswirkung auf das Wachstum:

Stress durch Wassermangel. Zum besseren Verständnis dieses Phänomens kann man sich die Pflanze als Netz vorstellen, das eine Verbindung zwischen Boden und Atmosphäre bildet, in der das Wasser zirkuliert und über die Blätter verdunstet. Man spricht von Trockenstress, wenn die verdunstete Wassermenge die aufgenommene übersteigt. Die Zellen leeren sich und die Pflanze wird schlaff. Je nach Verdunstungsgeschwindigkeit und Dauer des Wassermangels kann die Austrocknung irreversible Schäden zur Folge haben. Mit steigender Temperatur beschleunigt sich die Verdunstung. Im Gegensatz zum Anbau in einer Auspflanzung haben die Wurzeln keine Möglichkeit in tieferen Erdschichten nach vorhandenem Wasser zu suchen.

Erstickung. In der Absicht Wassermangel zu vermeiden, wird häufig zu viel gegossen. Die Wurzeln brauchen für eine einwandfreie Funktion genügend Sauerstoff. Ist ein Substrat zu stark verdichtet oder überwässert, verringert sich die verfügbare Sauer-

Biologische Klimaregulation einer Stadt

Links die Stadt von heute, die sich stärker aufheizt und deren Abwasser und Regenwasser in Kläranlagen gesammelt wird und sich folglich nicht im Umlauf befindet. Dieses Kleinklima ist der Ursprung von zahlreichen Problemen, deren Folgen noch nicht richtig bekannt sind.

Rechts das Bild einer klimatisch regulierten Stadt, bei der die Vegetation sowohl die Temperatur als auch die Feuchtigkeit angenehm hält. Regenwasser wird wieder verwendet und Schädlinge werden ohne Chemikalien behandelt, was sich positiv auf unsere Umwelt auswirkt.

Das Welken der Blätter ist ein ernstzunehmendes Signal. Die Pflanze leidet, der Ertrag sinkt, hilfreiche Mikroorganismen sterben ab, was Angriffsmöglichkeiten für Krankheiten und Schädlinge zur Folge hat.

Symptome des Sauerstoffmangels an der Wurzel ähneln denen des Wassermangels. Es ist schwierig sie rechtzeitig zu unterscheiden, was meistens zu Überwässerung und damit zu gravierenden Schäden an der Pflanze führt.

Die Größe des Gemüsegartens bestimmt, wie ausgeklügelt ein Bewässerungssystem angelegt werden sollte. Für einen zufriedenstellenden Ertrag darf es den Pflanzen weder an Wasser noch an Nährstoffen mangeln.

Sie können zu jeder Tageszeit gießen, vorausgesetzt Sie vermeiden das Benetzen der Blätter. Beim Anbau mit Erde sollte aber wegen der Entstehung pflanzenpathogener Pilze nicht am Abend gewässert werden.

stoffmenge, pathogene Pilze entwickeln sich, Wurzeln sterben ab und die Blätter vertrocknen. Ein gut durchlüftetes Substrat hilft dieses Problem in den meisten Fällen zu vermeiden.

Bewässerung

In unserem Zusammenhang ist die Bewässerung von strategischer Bedeutung. Zur optimalen Verteilung des Wassers sollte es eine Zuleitung geben, und Sie sollten es zu vorprogrammierten Zeiten kanalisieren, transportieren und den Überschuss entsorgen können. Für diese Zwecke ist je nach Ihren Bedürfnissen eine Vielzahl an Vorratsbehältern, Pumpen, Tropfsystemen und Zeitschaltuhren erhältlich. Ein Garten-Fachhändler kann Sie problemlos darin beraten. Allerdings ist es wichtig, dass Sie das eigene Anbauvorhaben und die Anbauform dazu im Vorhinein festlegen.

Wasserzufuhr

Unabhängig von der Planung des Projekts Gemüsegarten ist die Frage der Wasserzuleitung am allerwichtigsten. Im Allgemeinen finden sich bei einer Wohnung in Küche, Bad und WC Anschlusshähne, seltener jedoch im Au-

ßenbereich. Es gibt drei Möglichkeiten, das Wasser zu den Pflanzen zu bringen:

1.) Am ökonomischsten ist die Gießkanne, die man am Wasserhahn füllt. Je nach Menge der Pflanzen und der täglichen Verdunstung kann diese Bewässerungsmethode sehr ermüdend werden.

2.) Einfacher wäre es, wenn man an den Wasserhahn eine Schlauchverbindung mit Abschlussventil anschließt. Diese ökonomische Methode erspart das Hin- und Herlaufen sowie die Wasserflecken im Wohnzimmer.

3.) Die praktischste und sicherste Lösung ist ein Wasserhahn in unmittelbarer Nähe des Gemüsegartens. Wenn Sie keinen Außenwasserhahn besitzen, lassen Sie ihn von einem Fachmann einbauen. Vor derartigen Arbeiten sollten Bewohner eines Mehrfamilienhauses jedoch mit der Eigentümergemeinschaft sprechen.

Der Vorratsbehälter der Nährlösung ist mit einem Kontrollbehälter verbunden, der mit einem Schwimmerventil ausgestattet ist. Wenn der Flüssigkeitspegel sinkt, lässt das Schwimmerventil die Lösung aus dem Vorratsbehälter in den Kontrollbehälter ein. Alle Pflanztöpfe sind in Reihe verbunden. Das Wasser kann dadurch von Topf zu Topf zirkulieren und der Flüssigkeitsspiegel aller Behälter ist ausgeglichen.

Wasservorrat

Um einen Wasservorrat anzulegen, sollte in der Nähe der Pflanzen ein Behälter (Reservoir) aufgestellt werden, der auch zum Mischen des Düngers unter das Wasser dient (Nährlösung). Der Vorrat muss mit dem Kultursystem verbunden sein, damit die Nährlösung für die Pflanzen kontinuierlich verfügbar ist. Das Volumen dieses Vorratsbehälters ergibt sich

Volumenberechnung eines Vorratsbehälters für eine Anbaufläche von 3 m × 0,4 m

Berechnen Sie zuerst die Gesamtfläche durch Multiplikation von Länge und Breite.

Multiplizieren Sie die Fläche mit dem Referenzvolumen, das für einen Quadratmeter angegeben ist. Referenzvolumen = 20 l/m²

Länge = 3 m

Breite = 0,4 m

Anbaufläche: 3 × 0,4 = 1,2 m²

Volumen des Vorratsbehälters: 1,2 × 20 = 24 l

aus dem vorhandenen Raum und der Anbaufläche. Man rechnet mit einem Vorrat an Nährlösung von 20 l/m².

Automatische Kontrolle des Wasserstandes

Bewässerungssysteme mit geschlossenem Kreislauf sind mit einem Hauptbehälter ausgestattet. Erforderlich ist auch eine Leitung zwischen Haupt- und Ausgleichsbehälter. Die Verteilung der Nährlösung wird über einen Auslasshahn gesteuert, der auf einem Schwimmer montiert ist. Das Prinzip gleicht dem der WC-Spülkästen.
Bei Installationen für Flächen über 15 m² ist es nicht einfach, das Volumen des Ausgleichsbehälters an den Wasserbedarf der Anbaufläche anzupassen. Wenn das Volumen des Vorrats nicht erhöht werden soll, kann die Differenz durch ein automatisches Füllsystem ausgeglichen werden. In diesem Fall ist aber der Zugang zu einem Außenwasserhahn zwingend erforderlich. Der Mechanismus funktioniert mit Hilfe einer Wasserstandskontrolle, die ein am Hahn angeschlossenes Ventil öffnet. Sobald der Wasserstand des Ausgleichsbehälters auf das Minimum fällt, öffnet sich das Elektroventil, um den Behälter neuerlich zu füllen. Dieses System ist besonders zuverlässig und bequem.

Verteilung der Nährlösung

Bei der Wahl des Bewässerungssystems unterscheidet man drei Grade:
Die **manuelle Bewässerung** eignet sich für Menschen, die dieser Aufgabe täglich ihre Zeit opfern wollen. Man kann für die Pflanzen jederzeit eine Gießkanne Wasser füllen, das man mit Dünger versetzt hat. Regelmäßiges, während der Saison ununterbrochenes Gießen garantiert gärtnerischen Erfolg. Auf diese Art genügt ein kleines Budget für Gießen und Pflanzenernährung. Allerdings muss das Milieu, in dem gepflanzt wird, während des Tages ein Minimum an Wasser speichern können.
Die **mechanische Bewässerung** kann in einigen Punkten an das Gießen mit Nährlösungen angepasst werden, ohne dass eine externe Energiequelle erforderlich wäre. Die Bewässerung durch Nutzung des Kapillareffektes ist durchaus zufriedenstellend. Dabei steht das Pflanzsubstrat durch einen Gewebestreifen aus Kunstfasern im Austausch mit der am Boden der Behälter befindlichen Flüssigkeit. Während oben Flüssigkeit verdunstet, wird Wasser durch den Kapillareffekt der Fasern im Substrat aus dem Behälter nachgesaugt.
Der **Bewässerungskreislauf mit Tropfsystem** ist sicher am weitesten verbreitet. Dabei wird ein perforierter Schlauch mit Durchflusssteuerung an einen Wasserhahn angeschlossen. Eine Zeitschaltuhr am Einlassventil steuert die Bewässerungszyklen. Man kann Nährstoffe zugeben, indem man dem zirkulierenden Wasser über eine Dosierstation eine vorausberechnete Menge Dünger untermischt. Zu beachten ist jedoch, dass bei diesem Verfahren nur mineralische Dünger geeignet sind.
Keramikkegel zur Bewässerung sind nicht geeignet, weil die Unebenheiten der Oberflächen durch das Düngemittel-Wasser-Gemisch rasch verkleben.

Nach einigen Wochen in Kultur (in Stapeltöpfen) durchdringen die Wurzeln den Gewebestreifen im Topfboden und saugen die Nährlösung direkt aus dem darunter stehenden Vorratsbehälter.

Pumpenbetriebene Bewässerungskreisläufe

Diese Verfahren bieten eine größere Unabhängigkeit bei der Bewässerung. Hauptsächlich handelt es sich um Systeme, bei denen die Nährlösungen wiederverwendet werden.

In der Nährlösung schwimmend – *Deep Water Culture (DWC)*

Die Wurzeln stehen bei dieser Anbauform in einem Becken, das mit einer Lösung aus Wasser und Nährstoffen gefüllt ist. Eine angekoppelte Belüftungspumpe sorgt für die Sauerstoffanreicherung in der Mischung. Dadurch kann die Pflanze alle für das Wachstum notwendigen Stoffe bei Bedarf entnehmen. Die Wurzeln können sich ohne Einschränkungen entfalten und zeitlich unbeschränkt in der Lösung verbleiben, solange die Belüftung ausreichend gewährleistet ist.

Eine solche Anlage ist leicht aufzubauen. Allerdings ändert sich auf Dauer die Konzentration der Nährstoffe stark und muss daher regelmäßig ausgeglichen werden.

Bewässerung durch ein Ebbe-Flut-System

Die Pflanzbehälter stehen dabei in einem Tablett mit erhöhten Rändern. Die Bewässerung erfolgt durch ein Pumpensystem, das das Tablett mit der Nährlösung füllt. Diese dringt durch den Kapillareffekt in den Bewurzelungsbereich ein. Sobald die

Ebbe-Flut-System

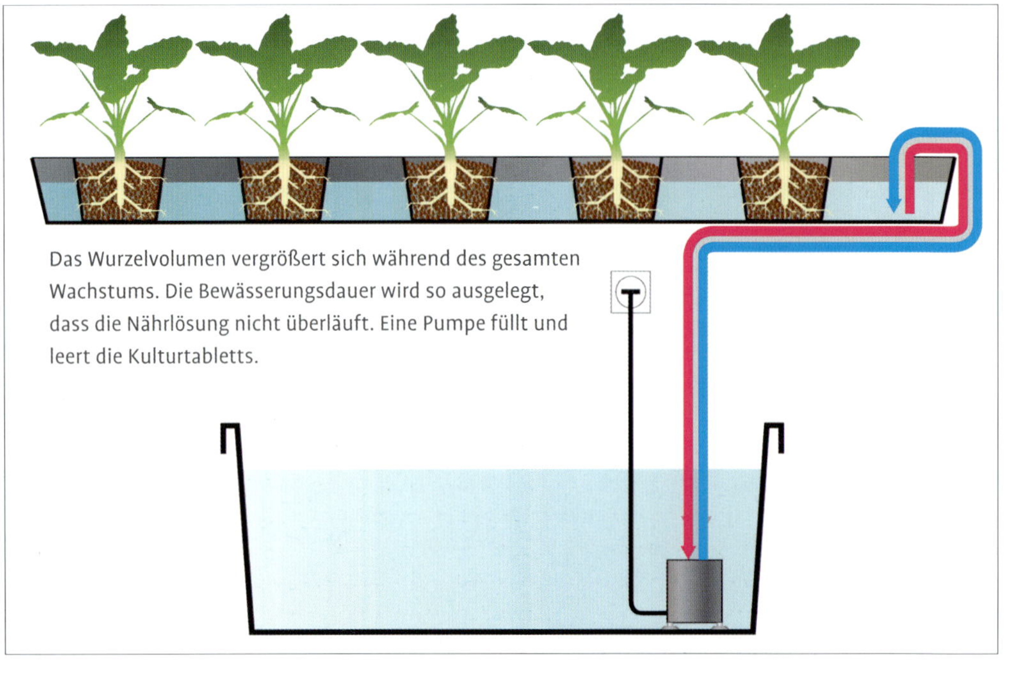

Das Wurzelvolumen vergrößert sich während des gesamten Wachstums. Die Bewässerungsdauer wird so ausgelegt, dass die Nährlösung nicht überläuft. Eine Pumpe füllt und leert die Kulturtabletts.

Das Recycling der Nährlösungen optimiert den Wasserverbrauch, spart Dünger und ermöglicht einige Neuerungen, wie zum Beispiel den Einsatz von Fischexkrementen zur Pflanzenernährung. Letzteres hat großen pädagogischen Nutzen, auch wenn es nicht besonders viel abwirft.

Pumpe stoppt, wird die überschüssige Nährlösung in den Vorratsbehälter abgeleitet. Die Höhe der Pflanzgefäße richtet sich dabei nach der Höhe der Durchflutung. Dieses System, das keiner besonders starken Pumpe bedarf, ist sowohl ökonomisch als auch zuverlässig.

Die Nährlösungsfilm-Technik (NFT)

Dieses System basiert auf der Nutzung von Kanälen mit abgeflachtem Boden oder Schalen. Die Pflanzen werden in Netztöpfen auf diese Trägerflächen gestellt. Eine Mischung aus Wasser und Nährstoffen zirkuliert tropfenweise, sodass die Pflanzbehälter etwa 1–2 cm tief in der Nährlösung stehen. Überschüssige Nährlö-

Dieses in Gewächshauskulturen bis in die frühen 1980er-Jahre weitverbreitete Verfahren wurde quasi zugunsten der Ebbe-Flut-Systeme aufgegeben, weil man den Befall durch Mikroorganismen nicht in den Griff bekam. Dank biologischen Anbaus mit anorganischen Substraten kann man das Verfahren heute auf individueller Produktionsebene relativ zuverlässig einsetzen.

sung wird in einer Wanne gesammelt und dann den Wurzeln wieder zugeführt.

Aeroponik

Dieses Verfahren ist eine Variante der NFT. Die Netztöpfe werden dabei in einem Gestell platziert, das den Wurzeln erlaubt, sich hängend in den Kulturkanälen zu entwickeln. Diese Kanäle haben ein leichtes Innengefälle, wodurch die durchlaufende Nährlösung in regelmäßigen Intervallen die Wurzeln benetzen kann.

Zeitliche Steuerung

Eine Zeitschaltuhr an der Pumpe bestimmt die Häufigkeit der regelmäßigen und oft sehr kurzen Bewässerungsläufe.
Im Handel erhältliche günstige Zeitschaltuhren sind auf eine viertelstündige Taktung beschränkt. Diese fehlende Präzision wirkt sich erschwerend auf die Kontrolle des Energieverbrauchs aus. Es gibt jedoch auch teurere und präzisere Zeitschaltuhren, die minutenweise regelbar sind und eine unterschiedliche Regelung für Tag und Nacht ermöglichen. Damit stimmt man die Zyklen genauestens auf Pflanzenwohl und Geldbeutel ab.

Ein Sprinklersystem verteilt Mikrotropfen der Nährlösung auf die Wurzeln. Damit wird auch das Sauerstoff-Wasser-Verhältnis zur Aufnahme der Nährsalze optimiert.

Zeitschaltuhren mit Viertelstunden-Taktung eignen sich besser für den Anbau in Substrat, da hier die Bewässerungszyklen länger, dafür aber seltener sind.

Überprüfung und Wartung der Anlage

Die Funktion der Anlage muss regelmäßig überprüft werden, um möglichen Ausfällen vorzubeugen, die ein Sinken des Ertrages verursachen können:

- Kontrollieren Sie die Pflanzen so oft wie möglich auf erste Symptome von Wasser- oder Sauerstoffmangel.
- Bei Installationen mit Ausgleichsbehältern sollten Sie regelmäßig die Nährlösung auf den korrekten Stand bringen und prüfen, ob die Verbindung von Haupt- und Ausgleichsbehälter einwandfrei funktioniert.
- Kontrollieren Sie regelmäßig den Bewässerungskreislauf mit Tropfventilen und beseitigen Sie falls erforderlich Verstopfungen mit einer Metallnadel.
- Bei Systemen, die die Nährlösung wiederverwenden, muss geprüft werden, ob die Pumpe funktioniert, ob ausreichend Flüssigkeit in den Behältern ist und ob die Konzentration an Mineralsalzen korrekt ist, was durch die elektrische Leitfähigkeit der Nährlösung angezeigt wird.
- Wichtig ist außerdem, dass die einwandfreie Funktion der Zeitschaltuhr so oft wie möglich kontrolliert wird.

Sonnenschutz der Pflanzen

Wasser spielt beim Schutz der Pflanze vor zu hoher Sonneneinstrahlung eine wichtige Rolle. Die Sonnenenergie, die auf die Blätter trifft, erhöht die Temperatur. Um nicht zu verbrennen oder zu vertrocknen, reguliert die Pflanze ihre Temperatur durch Verdunstung. Unter diesen Umständen steigt ihr Wasserbedarf. Man schätzt, dass eine Pflanze täglich das Fünffache ihrer Biomasse durch Verdunstung umsetzt.

Wasserqualität

Regenwasser

Regen entsteht durch Kondensation des in der Luft vorhandenen Wasserdampfes. Darin sind gasförmige Stoffe enthalten, die sowohl aus der Natur stammen als auch aus der Industrie, der Verbrennung schwefelhaltiger fossiler Stoffe und dem Verkehr. Pflanzen sind von dieser Verschmutzung direkt oder indirekt betroffen. Vorwiegend Ozon und Schwefeldioxid tragen zur Bildung sauren Regens bei. Die Erde dient als natürliches Filtermedium für das Wasser, bis es das Grundwasser erreicht. Dadurch reichern sich Schadstoffe im Boden zuweilen bis zu einer toxischen Menge an. Die Kultur ohne Boden auf der Basis von Regenwasser weist eine geringere Menge absorbierbarer Schadpartikel auf als der Anbau im Erdboden.

Leitungswasser

Die Zusammensetzung dieses Wassers variiert je nach Wohnort. Die Wasserversorgungsunternehmen stellen jedoch diesbezügliche Informationen bereit. Wasser wird je nach Kalzium- und Magnesiumgehalt in Härtegrade eingeteilt. Hartes Wasser

Die Kraft des berühmten „grünen Daumens“ eines Gärtners resultiert in erster Linie aus Beobachtung und Vorahnung. Bei Kulturen ohne Erde sollte man immer daran denken, dass die Pflanzen sich nicht selbst versorgen können.

hinterlässt in den Leitungen und Tropfventilen Kalkablagerungen, deshalb sollte man es wenn möglich mit Regenwasser mischen.

Sicherheit der Anlage

Der Betrieb der Anlage sollte konform mit den gesetzlichen Vorschriften sein. Beim Betrieb im Außenbereich müssen das Material des Pumpensystems, die Leitungsverzweigungen und die Behälter dicht sein. Wenn eine eigene Installation aus recyceltem oder dem ursprünglichen Nutzen entfremdeten Material errichtet wird, gelten die Hersteller- und Liefergarantien in Schadensfällen nicht. Maßanfertigungen sollten von einem Fachmann geprüft werden. Befragen Sie vorsichtshalber einen Gartenbaufachbetrieb zur spezifischen Verwendung des gewünschten Materials.

Ernährung der Pflanzen

Ein traditioneller Gärtner muss die Fruchtbarkeit seines Bodens einschätzen können. Da das Aussehen der Erde meistens genügt, um ihr Potenzial erkennen zu können, ist es eher selten erforderlich, die genaue Zusammensetzung des Bodens zu ermitteln. Bei der Anbauform ohne Boden bereiten Sie Ihre Erde selbst und müssen daher zwingend die Zusammensetzung der notwendigen Nährlösung kennen. Haben Sie diese Hürde erst einmal genommen, können Sie die Dosierung verfeinern und damit eine noch reichere Ernte erzielen.

Fotosynthese
Damit Fotosynthese stattfinden kann, muss eine ausgewogene Ernährung gewährleistet sein. Die von der Pflanze aufgenommenen Mineralstoffe (+ CO_2 + H_2O) werden unter Einwirkung der Sonne in den Blättern verstoffwechselt. Das Produkt dieser Reaktion zirkuliert dann in der gesamten Pflanze, um sie zu versorgen.

Zwischen Mangel und Überangebot an Nährstoffen

Es ist keine einfache Sache, eine Pflanze mit allen erforderlichen Stoffen zu versorgen, da die Ernährung auf komplexen Mechanismen beruht. Die Nährstoffe werden bei der Fotosynthese verwendet, um Energie zu liefern und Masse zu bilden. Wenn einer der Stoffe nicht in erforderlicher Menge vorliegt, kann die Versorgung schon gestört sein. Die sichtbaren Symptome variieren je nach fehlendem Mineral. Um Mangelerscheinungen (Karenzen) zu vermeiden, erscheint es reizvoll, das Gemisch der Nährlösung höher zu dosieren. Dann besteht aber die Gefahr, dass es toxisch wird. Ein Mangel zeigt sich fortschreitend deutlicher, also hat man auch die Zeit, ihn zu beheben. Die Auswirkungen des Überangebots jedoch zeigen sich nur zögerlich und die Schäden sind manchmal irreversibel.
Die Herstellung einer Nährlösung aus Wasser und Dünger hängt davon ab, ob sie für eine Kultur mit Substrat oder ohne gedacht ist. Substrate reichern den Gehalt an Mineralsalzen an und dadurch kann es zu Schädigungen der Wurzeln kommen. Die Nährlösung darf daher im Vergleich zu den Kulturen ohne Substrat, wo diese Auswirkung eher selten ist, nicht so stark konzentriert sein.

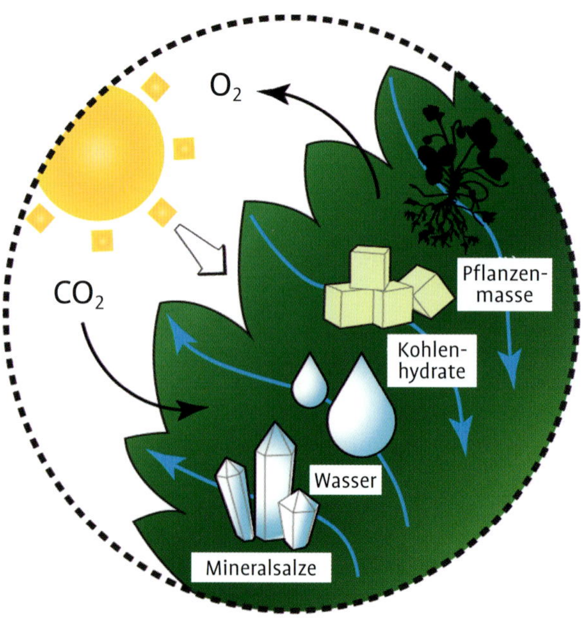

Unentbehrliche Nährstoffe

Eine Pflanze benötigt sechzehn essenzielle Nährstoffe, darunter Kohlenstoff (C), Sauerstoff (O) und Wasserstoff (H) aus dem Wasser und der Luft. Dreizehn weitere anorganische Elemente, die normalerweise im Erdboden vorkommen, sind als unentbehrlich für eine Pflanze bekannt.
Man ordnet sie zwei Gruppen zu: den Makronährstoffen und den Spurenelementen. Diese Gruppen unterscheidet man aufgrund der von der Pflanze aufgenommenen Menge.
Die Makronährstoffe machen etwa 1 % der Trockenmasse aus. Dabei handelt es sich um die Elemente Stickstoff (N), Phosphor (P), Schwe-

Durch Chlorose verfärbte Blätter an diesem Ananas-Salbei zeigen einen Mangel an. Achten Sie auf solche Entfärbungen des Blattes und sorgen Sie schnellstmöglich für einen Nährstoffausgleich.

Kübelpflanzenerde hat gewöhnlich einen ausgewogenen Nährstoffgehalt. Diese Nährstoffe sind aber rasch verbraucht: Einen Teil nehmen die Pflanzen auf und der Rest wird durch den Regen fortgeschwemmt. Aus diesem Grund empfiehlt sich die Gabe von Düngern während des gesamten Anbaus bis zur Ernte.

fel (S), Kalium (K), Kalzium (Ca) und Magnesium (Mg).
Die Spurenelemente machen einen minimalen Anteil der Trockenmasse aus. Unter diese Kategorie fallen die Elemente Bor (B), Kupfer (Cu), Eisen (Fe), Mangan (Mn), Molybdän (Mo), Chlor (Cl) und Zink (Zn).
Diese Mineralstoffe tragen zum Pflanzenaufbau bei.

Identifizierung eines Mangels
Man unterscheidet zwei Kategorien von Stoffen.
Mobile Nährstoffe: Stickstoff (N), Phosphor (P), Kalium (K), Magnesium (Mg), Kupfer (Cu), Schwefel (S), Chlor (Cl) und Molybdän (Mo) sind imstande, sich innerhalb der Pflanze je nach Bedarf zu bewegen. Stickstoffmangel zeigt sich daher zuerst an den ältesten Blättern, weil der vorhandene Stickstoff zu den neu gebildeten Trieben gewandert ist.
Wenig mobile Nährstoffe: Bei Mangan (Mn), Bor (B), Kalzium (Ca), Zink (Zn) und in stärkerem Maße Eisen (Fe) treten Mangelerscheinungen hauptsächlich an den jüngsten Blättern auf. Ein Eisenmangel zeigt sich durch Entfärbung des Blattes, wobei die Blattadern grün bleiben. Man spricht dann von Chlorose.

Dünger

Die Auswahl des richtigen Düngers ist bei Kulturen, die nicht im Boden stehen, entscheidend, egal ob mit oder ohne Substrat. Eine zufriedenstellende Ernte erfordert eine Zusammensetzung mit allen essenziellen Nährstoffen. Dünger in flüssiger Form erleichtern dabei die Mengendosierung und die Auflösung im Wasser.

Zwei Gruppen handelsüblicher Flüssigdünger

Mineralische Dünger werden am häufigsten verwendet. Ihre Bestandteile werden künstlich (chemisch) synthetisiert oder aus natürlichen Vorkommen gewonnen und sind kostengünstig bei dennoch guten Erträgen. Die Gewinnung der Mineralstoffe verbraucht aber große Mengen an Energie. Die Rohmaterialien sind zudem nicht erneuerbar und für manche Stoffe erschöpfen sich die weltweiten Vorräte.

Stickstoff	essenzieller Bestandteil für die Proteinsynthese
Phosphor	Energietransport, Wachstum, Blüte, Fotosynthese, Atmung
Kalium	Wasseraufnahme, Blüten- und Fruchtbildung, Widerstandskraft gegen Krankheiten, Verbesserung des Geschmacks der Früchte, Festigkeit der Zweige
Kalzium	Struktur der Pflanzen (Zellaufbau), Wurzelbildung, Reifung der Früchte und Samen
Magnesium	zentraler Baustein des Chlorophylls, Färbung und Reifung der Früchte, Begünstigung der Aufnahme von Phosphor, Stickstoff und Schwefel
Schwefel	Beteiligung an der Bildung von Enzymen und anderen Proteinen, Vitaminen sowie des Chlorophylls, Begünstigung des Kalium-, Kalzium- und Magnesiumtransports, Geschmack der Früchte
Eisen	Bildung des Chlorophylls, Baustein einiger Enzyme und Aminosäuren
Zink	Synthese von Enzymen und anderen Proteinen sowie Wachstumshormonen
Kupfer	Enzymaktivierung, Chlorophyllbildung
Mangan	Begünstigung der Samenkeimung, Beschleunigung des Heranreifens der Gewächse, der Chlorophyllbildung und der Proteinbildung
Bor	Beitragen zum Wachstum des Gewebes, Begünstigung der Fruchtbildung, Mitwirken an der Wasseraufnahme
Molybdän	Begünstigung der Stickstoffaufnahme und der Entwicklung von stickstoffbindenden Bakterien
Chlor	Stimulation der Fotosynthese

Organische Dünger entstehen größtenteils durch die Umwandlung organischer Stoffe. Bislang noch wenig eingesetzt, wächst ihre Bedeutung jedoch stetig. Der breit gestreute Ursprung der Rohmaterialien und der Einsatz von Abfällen aus der Agrarindustrie und aus Haushalten machen sie zu einer erneuerbaren und langfristigen Ressource.
Während die mineralischen Dünger direkt von den Wurzeln aufgenommen werden können, ist das bei organischen Düngern erst durch einen komplexen Prozess möglich, in dem Mikroorganismen eine tragende Rolle spielen.

Manche biologischen Flüssigdünger sind dickflüssig und ölig, was vor allem an darin enthaltener vergorener Roter Bete liegt. Der Inhalt muss vor dem Gebrauch gut geschüttelt werden.

Reinigen Sie die Pipetten nach jeder Verwendung. Durch die Vermischung zweier Düngersorten kann sich die Zusammensetzung verändern, egal wie gering die Menge ist.

Dünger auswählen

Die Regale in den Gartenfachgeschäften sind oft reich gefüllt. Bei der Auswahl sollte man mehrere Kriterien beachten. Zuerst einmal muss der Dünger **in flüssiger Form erhältlich** und **wasserlöslich** sein, egal ob er mineralisch oder organisch ist. Auf dem Etikett sollten die Konzentration von Stickstoff (N), Phosphor (P) und Kalium (K) sowie die Konzentration der Spurenelemente angegeben sein. Es ist wichtig, dass der Dünger alle für das Pflanzenwachstum erforderlichen Elemente beinhaltet. Düngemittelhersteller werben im Handel mit augenscheinlich fachkundigen Methoden, die die Versorgung der Pflanzen verbessern und so potenziell höhere Erträge gewährleisten sollen. Sie unterscheiden **Dünger für das Wachstum** und **Dünger für die Blühperiode**.
Erstere haben einen hohen Stickstoffgehalt bei wenig Phosphor, die zweite Gruppe hat einen hohen Gehalt an Kalium und Phosphor.
Diese unterschiedlichen Formeln lassen sich durch die unterschiedlichen Nährstoffbedürfnisse der Pflanze je nach Entwicklungsstadium erklären. Wenn eine Pflanze jung ist, sollte man die Bildung eines leistungsstarken und dichten Wurzelapparates durch die Zugabe von Phosphor unterstützen. In der Wachstumsphase wirkt in erster Linie der Stickstoff. In der Blütezeit kann Phosphor zusammen mit Kalium den Fruchtansatz in Gang bringen. Durch den Kauf eines Wachstums- und eines Blütendüngers kann man bei Bedarf Mischungen für alle Phasen des Pflanzenlebens herstellen.

Messung der Nährstoffkonzentration

Flüssigdünger sind stark konzentriert und müssen verdünnt werden. Man kann die Verdünnung annähernd bestimmen, aber sie variiert je nach Wasserqualität und Außentemperatur. Bei Bewässerung in einem geschlossenen Kreislauf erhöht sich der

Dünger: ein natürliches und kompliziertes Rezept

Alle zur Herstellung eines ausgewogenen Düngers erforderlichen Stoffe sind in der Natur vorhanden, entweder in fester Form oder als Jauchen. Der Sud aus der Wurmkompostierung, Komposterde oder Holzasche beispielsweise liefern Nährstoffe für den Anbau. Um einen Volldünger herzustellen, sind tiefer reichende Kenntnisse der Pflanzenernährung, geeignetes Material und ein Minimum an Platz notwendig. Im Moment überlassen wir dieses Feld den Profis.

Lektüre des Etiketts

Die Ziffern hinter der Abkürzung NPK stehen für die Konzentration der Elemente in Prozent des Flascheninhalts. Beispiel: Eine Literflasche mit der Angabe NPK 4-1-5 bedeutet, dass es sich um einen Dünger mit 4 % Stickstoff, 1 % Phosphor und 5 % Kalium gelöst in einem Liter Wasser handelt. Im Vergleich wäre ein Dünger mit NPK 8-2-10 bei gleicher Flüssigkeitsmenge doppelt so konzentriert wie NPK 4-1-5. Die winzige Menge der Spurenelemente wird in ppm (*parts per million*) angegeben, das heißt, ein Wert von 1100 ppm für das Element Eisen (Fe) entspricht 1100 mg Eisen auf einen Liter Wasser.

Organischer NPK-Dünger flüssig 4-1-5			
Gesamtstickstoff (N)	4,0 %	Eisen (Fe)	1100 ppm
Gesamtphosphat (P_2O_5)	1,0 %	Kupfer (Cu)	150 ppm
Gesamtkaliumoxid (K_2O)	5,0 %	Zink (Zn)	130 ppm
wasserlöslicher Schwefel	0,5 %	Bor (B)	150 ppm
Magnesiumoxid (MgO)	0,2 %	Mangan (Mn)	450 ppm
Für die Anwendung im Gartenbau. Vor Gebrauch schütteln!			

In den Gartenfachmärkten findet man allerlei Messgeräte. Manche geben auch die Temperatur und den pH-Wert an. Diese Produkte sind aber im Allgemeinen kostspielig und empfindlich. Ein gutes Gerät zur Prüfung der Leitfähigkeit muss robust, einfach zu handhaben und dicht sein.

Nährstoffgehalt während Phasen mit hohen Temperaturen durch die Verdunstung des Wassers.

In dieser Situation könnte der Nährstoffgehalt toxisch für die Pflanzen werden, sofern man nicht durch Messung der Nährstoffkonzentration auf den erforderlichen Flüssigkeitsausgleich der Nährlösung achtet. Gelöste Mineralsalze liegen im Wasser in Form von Ionen vor. Um die Menge dieser Stoffe im Wasser bestimmen zu können, verwendet man einen **Leitfähigkeitsmesser**, auch Leitfähigkeitssensor genannt.

Dieses tragbare Messgerät, das in die Flüssigkeit gehalten wird, besteht aus zwei Elektroden, zwischen denen ein Strom minimaler Stärke fließt. Gemessen wird die Fähigkeit der Ionen, den Strom zu leiten. Je höher die Leitfähigkeit, desto konzentrierter ist die Lösung. Dieses Gerät leistet wertvolle Hilfe, wenn Sie die Zugabe der Nährstoffe kontrollieren und das Wachstum der Pflanzen optimieren möchten.

Nährlösungen herstellen

Die Dosierung der Düngemittel hängt davon ab, ob man mit Kübelpflanzenerde oder einem neutralen Substrat, wie Kokosfaser oder Blähton, arbeitet. Bei Kübelpflanzenerde erfolgt nur eine geringe Zugabe, da bereits eine bestimmte Menge an Nährstoffen vorhanden ist, auch wenn diese langsam verbraucht wird. Bei einer Kultur ohne Substrat muss man deutlich größere Mengen dosieren.

Aus mineralischen Düngern

Zur Herstellung einer Nährlösung wird der Wasserbehälter gefüllt und ein je nach Entwicklungsphase der Pflanze dosierter Flüssigdünger hinzugegeben. Mit dem Messgerät wird anschließend geprüft, ob die Leitfähigkeit der gewünschten Konzentra-

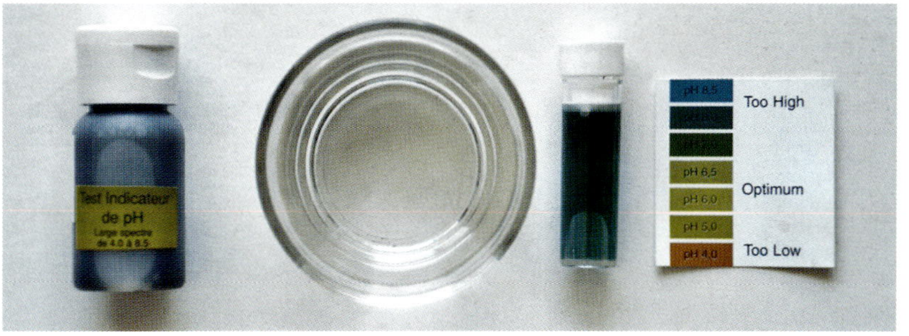

Im Wasser gelöste mineralische Dünger sind quasi farblos und haben daher keine Auswirkung auf die Farbskala zum Ablesen des pH-Wertes.

tion entspricht (siehe Tabelle auf Seite 35).

Der **pH-Wert** zeigt, ob eine Lösung basisch oder sauer ist. Man spricht von neutral, sofern der Messwert 7 anzeigt, darunter handelt es sich um saures Milieu, darüber um basisches. Leitungswasser ist leicht basisch, was die Wurzeln an der Aufnahme der gelösten Mineralsalze etwas hindert.

Um den pH-Wert anzupassen, misst man zuerst den Ausgangswert mithilfe eines elektronischen pH-Meters oder anhand einer Farbskala (spezielle Papierstreifen zur pH-Wert-Messung), dann fügt man langsam eine Säure hinzu, bis der Wert sich zwischen 5,5 und 6,8 einpendelt. Im Handel ist gewöhnlich Salpetersäure erhältlich, es gibt auch Präparate, die aus Salpeter- und Phosphorsäure gemischt sind.

Diese Arbeitsschritte müssen jedes Mal in dieser Reihenfolge erfolgen, wenn Wasser im Ausgleichsbehälter nachgefüllt wird.

Aus organischen Düngern

Zur Herstellung der Nährlösung verfährt man wie oben beschrieben. Man füllt den Wasserbehälter und gibt dann so viel Düngemittel hinzu, dass der Referenzwert für die spezifische elektrische Leitfähigkeit erreicht wird (siehe nächste Doppelseite). Diese Schritte müssen bei jeder Erneuerung der Nährlösung durchgeführt werden.

Organische Dünger können nicht direkt von den Wurzeln aufgenommen werden. Deshalb fügt man **gefriergetrocknete Mikroorganismen** hinzu. Sie erwachen, sobald sie mit Wasser in Kontakt kommen, besiedeln das Kulturmedium und heften sich an die Wurzeln, sodass die Aufnahme von Wasser und Nährstoffen erleichtert wird. Auf diese Weise ist es nicht erforderlich, den pH-Wert der Lösung zu regulieren. Ökonomischer als die Pflanzenernährung durch Mineralstoffe und nur geringfügig ertragsärmer, ist dieses Verfahren deutlich ökologischer und einfacher in der Handhabung.

Das Wirken der Pilze und Bakterien trägt zum Schutz der Pflanzen bei

Problemlösung bei Mangel (Karenz) oder Überschuss (Toxizität)

Es ist schwierig, die Symptome bei der Pflanze zu interpretieren, weil das Überangebot eines Nährstoffs den Mangel eines anderen bedingt. Wenn die Pflanzen **Vergiftungserscheinungen** zeigen, muss der Bewässerungsvorrat unverzüglich entsorgt und das Wasser mit einer um das Dreifache reduzierten Menge an Dünger wieder aufgefüllt werden. Warten Sie, bis diese Mischung völlig verbraucht ist und kehren Sie dann zur normalen Ernährung zurück. Spurenelemente, auch wenn sie für das Pflanzenwachstum noch so wichtig sind, werden schon bei geringstem Überangebot toxisch: Sie blockieren das Wurzelwachstum, weil sie sich dort anreichern.

Wenn die Pflanzen **Mangelerscheinungen** zeigen, ist das Leeren des Bewässerungsvorrates die einzige sinnvolle Lösung. Man stellt danach eine neue, ausgewogene Nährlösung her. Pflanzen können sehr geringe Mengen von Düngern auch über ihre Blätter aufnehmen. Um die Erholung zu beschleunigen, kann man die für einen Liter Wasser vorgeschriebene Düngemitteldosis dreifach verdünnen und die Blätter besprühen. Führt man dieses Verfahren innerhalb von 14 Tagen zweimal durch, sollte sich der Ernährungszustand schneller verbessern.

Während der Wurzelbildung können alle in den Kulturanleitungen dieses Buches beschriebenen Pflanzen mit derselben Nährlösung versorgt werden.

und stärkt ihre natürlichen Abwehrkräfte. Die Mikroorganismen werden einmalig zu Beginn der Anbausaison zugegeben.

Sollwerte der elektrischen Leitfähigkeit

Die Zugabe von Düngern im Bewässerungssystem hängt von den Bedürfnissen der Pflanzen ab. Aufgrund unserer Erfahrungen können wir die Pflanzen je nach ihren Ansprüchen in drei Kategorien einteilen.

Blätter: Pflanzen mit bescheidenen Ansprüchen, in erster Linie Arten, deren Blätter wir verzehren, zum Beispiel Kräuter und Salat. Blumen fallen ebenso in diese Gruppe.

Gemüse: Gemüse mit großem Nährstoffbedarf, wie Tomate, Kohl, Kürbis.

Beerenobst: Erdbeeren, Himbeeren, Stachelbeeren und Ähnliches.

In den Versuchen, die zu den Werten geführt haben, wurde nicht nur der Ertrag betrachtet, sondern auch Geschmack und Widerstandfähigkeit gegen Krankheiten.

Um einen zufriedenstellenden Ertrag zu erzielen, wird für jede Kategorie ein eigenes Bewässerungsverfahren etabliert und die Nährstoffanreicherung gemäß den nebenstehenden Tabellen eingehalten. Betreibt man den Anbau nur als Freizeitbeschäftigung, kann man sich das Leben einfacher machen und nur ein Verfahren für alle Pflanzen einsetzen – das für die Kategorie „Blätter".

Der Ausgangswert der Leitfähigkeit des Wassers muss zuerst an die in den Tabellen angegebenen Werte angeglichen werden. Wenn Sie beispielsweise den Wert 0,7 (Blätter, im Wachstum, auf neutralem Substrat) erreichen möchten und das Wasser den Ausgangswert 0,4 aufweist, müssen Sie Düngemittel zugeben, bis der Leitfähigkeitsmesser den Wert 1,1 anzeigt. Dieser setzt sich zusammen aus 0,7 + 0,4.

Die in der Tabelle genannten Mischungen A und B erhalten Sie durch Vermischen der handelsüblichen Wachstums- und Blütendünger in folgendem Verhältnis.

Mischung A: ⅓ Wachstumsdünger und ⅔ Blütendünger.

Mischung B: ⅔ Wachstumsdünger und ⅓ Blütendünger.

Nährstoffversorgung für die Kategorie „Blätter"

Mineraldünger

	Mischung	A	B	A
		Wurzelbildung*	Wachstum**	Fruchtbildung***
EC	Substratlos	0,1	0,5	0,5
	Unfruchtbares Substrat	0,1	0,3	0,3
	Fruchtbares Substrat	–	0,2	0,2

Organischer Dünger

	Mischung	A	B	A
		Wurzelbildung*	Wachstum**	Fruchtbildung***
EC	Substratlos	0,2	0,2	0,2
	Unfruchtbares Substrat	0,2	0,2	0,2
	Fruchtbares Substrat	–	0,1	0,1

Nährstoffversorgung für die Kategorie „Gemüse"

Mineraldünger

	Mischung	A	B	A
		Wurzelbildung*	Wachstum**	Fruchtbildung***
EC	Substratlos	0,1	0,8	0,8
	Unfruchtbares Substrat	0,1	0,7	0,6
	Fruchtbares Substrat	–	0,5	0,5

Organischer Dünger

	Mischung	A	B	A
		Wurzelbildung*	Wachstum**	Fruchtbildung***
EC	Substratlos	0,1	0,4	0,4
	Unfruchtbares Substrat	0,1	0,4	0,4
	Fruchtbares Substrat	–	0,2	0,2

Nährstoffversorgung für die Kategorie „Beerenobst"

Mineraldünger

	Mischung	A	B	A
		Wurzelbildung*	Wachstum**	Fruchtbildung***
EC	Substratlos	0,1	0,7	0,9
	Unfruchtbares Substrat	0,1	0,7	0,8
	Fruchtbares Substrat	–	0,5	0,5

Organischer Dünger

	Mischung	A	B	A
		Wurzelbildung*	Wachstum**	Fruchtbildung***
EC	Substratlos	0,2	0,3	0,4
	Unfruchtbares Substrat	0,2	0,3	0,4
	Fruchtbares Substrat	–	0,2	0,2

* Vom Samenkorn bis zur Bildung der beiden ersten Blattspreiten
** Bis zum Ansatz der Blüten
*** Von der Blüte bis zur Ernte

EC (Electrical Conductivity)
= Einheit für die elektrische Leitfähigkeit

Weitere Einflüsse

Damit der Gemüseanbau in der Stadt gelingt, sollten Sie immer auch das Umfeld betrachten, für das Sie planen. Das Durcheinander der Häuser als Ergebnis mehrerer Bauepochen beeinflusst die natürlichen Licht-, Wind- und Regenverhältnisse teils so stark, dass man trotz einer Ausrichtung nach Süden keinen Sonnenstrahl abbekommt. Dies ist übrigens kein unlösbares Problem, solange man sich nach den vorgefundenen Bedingungen richtet.

Wind

Durch die Betrachtung der Pflanzenarten rund um den für den Gemüsegarten gedachten Standort können Sie Indikatoren für die Windverhältnisse erkennen. Sehen Sie sich die Flora der Umgebung an und versuchen Sie, sich davon inspirieren zu lassen. Auch können Sie einen Gärtner in der Nachbarschaft bitten, seine Erfahrungen mit Ihnen zu teilen. Bei windigen Standorten sollten Sie die Pflanzen an der Basis so gut wie möglich schützen und Arten und Sorten auswählen, die möglichst unempfindlich sind. Trägersysteme, die leicht kippen könnten, sind sicher zu verankern. Stützen und Rankhilfen verhindern zuverlässig das Abbrechen der Triebe im Wind.

Licht

Wie beim Wind bringen auch bei den Lichtverhältnissen die Beobachtung des unmittelbaren Umfeldes und der Austausch mit den Nachbarn etliche Erkenntnisse. Massiver Steinbau rundum reflektiert das Licht und erhöht die Temperatur. Man kann aus diesem Nachteil Nutzen ziehen und wärmeliebende Arten anbauen oder die Kultur von Kräutern auch mit Ausrichtung nach Norden planen. Es ist nur schwer abschätzbar, wie viel

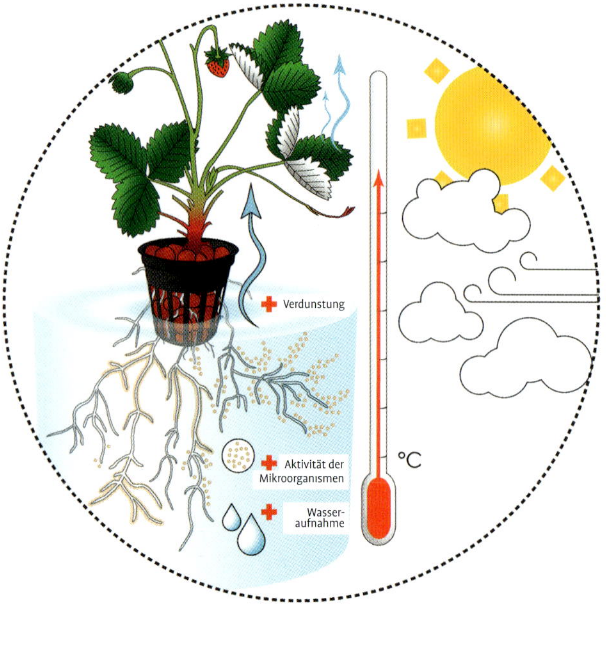

Witterungseinflüsse
Wind und Sonne erhöhen den Wasserverbrauch und die Aktivität der Mikroorganismen. Bei großer Hitze wachsen die Pflanzen sehr schnell, sofern sie genug Wasser und Nährstoffe erhalten. Allerdings können schon wenige Stunden des Wassermangels verhängnisvolle, unumkehrbare Folgen haben.

Licht eine Pflanze unter diesen Bedingungen braucht. Meistens genügt aber die Helligkeit, damit die Pflanzen sich entwickeln.

Temperatur

In manchen Regionen dauern die Phasen großer Sommerhitze lange an. Diese Zeiten fürchten alle Gärtner. Der Wasserverbrauch der Pflanze steigt aufgrund der trockenen Luft stark, besonders wenn der Wind hinzukommt. Die Pflanze wird schlaff und hat weniger Widerstandskraft. Hält man den Wasser- und Nährstoffzufluss konstant, unterstützt man das Wachstum und verringert deutlich die Schäden durch Pilz- und Schädlingsbefall.
Eine erhöhte Temperatur der Nährlösung begünstigt die Entwicklung bestimmter Mikroorganismen, die das Wurzelsystem schädigen können. Um das zu vermeiden, platziert man die Behälter mit der Nährlösung im Schatten.

Regen

Es ist nicht nötig, die Pflanzen vor dem Regen zu schützen. Im Gegenteil, der Regen reinigt die Blätter von Staub und beschränkt die Entwicklung mancher Schädlinge, wie zum Beispiel Milben. Man sollte Regenwasser auffangen, sofern das möglich ist. Damit verfügt man über einen Vorrat mineralarmen Wassers, das zweimal wöchentlich wie Tau (fein vernebelt) ausgebracht wird. Der Vorrat kann auch vorteilhaft zur Herstellung der Nährlösung verwendet werden.

Auf einem Balkon sollten die Töpfe windgeschützt aufgestellt werden. In engen Häuserschluchten herrscht manchmal heftige Zugluft. Das führt zu erhöhtem Wasserbedarf der Pflanzen und zerstörtem Blattwerk.

Pflanzenvermehrung

Stecklinge

Vermehrung durch Stecklinge ist eine einfache, schnelle und für den Anbau außerhalb des Bodens besonders gut geeignete Technik. Viele Pflanzen können durch Stecklinge vermehrt werden. Der komplizierte und meist materialaufwendige Schritt der Aussaat entfällt. Neben den ökonomischen Vorteilen können Sie den eigenen Gemüsegarten auf diese Weise mit alten oder seltenen Arten bestücken, die Sie in anderen Gärten zusammengetragen haben, und so zum Erhalt des genetischen Erbes beispielsweise gut angepasster Arten beitragen.

In diesem Stadium ist der Steckling der Minze bereit, in einen Träger mit oder ohne Substrat umzuziehen.

Stecklingsgewinnung und Kauterisation

Material

Man benötigt ein Skalpell mit sauberer, desinfizierter Klinge. Mit der Schere kann man nicht immer ordentliche Schnitte ausführen, eher quetscht sie das Gewebe des Triebs ab. Das Verkaufspersonal der Gartenbaubetriebe empfiehlt oft den Einsatz von Hormonen, um die Bewurzelung zu beschleunigen, aber sie sind entbehrlich.

Methode

Stecklinge gewinnt man am besten zum Frühlingsbeginn aus frischen Trieben oder bei Mehrjährigen im Herbst. Egal zu welcher Jahreszeit, die ideale Temperatur für die erfolgreiche Stecklingsgewinnung liegt bei 20 °C. Um eine konstante Temperatur und ausreichende Luftfeuchtigkeit (70 %) zu gewährleisten, leistet ein Mini-Gewächshaus gute Dienste.

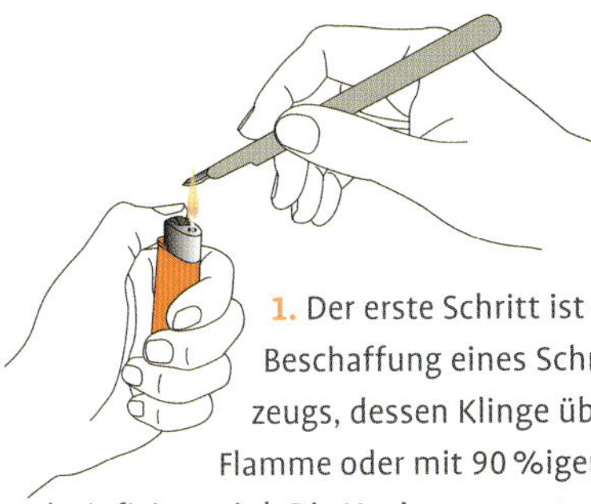

1. Der erste Schritt ist die Beschaffung eines Schneidwerkzeugs, dessen Klinge über der Flamme oder mit 90 %igem Alkohol desinfiziert wird. Die Hygiene muss tadellos sein, damit keinerlei Infektionen auftreten.

2. Der Steckling wird von einer robusten Pflanze abgetrennt, die keine Symptome von Stress oder Schädlingsbefall aufweist. Schauen Sie sich die Pflanze genau an und wählen Sie einen Zweig mit gesunden Blättern ohne irgendwelche Spuren.

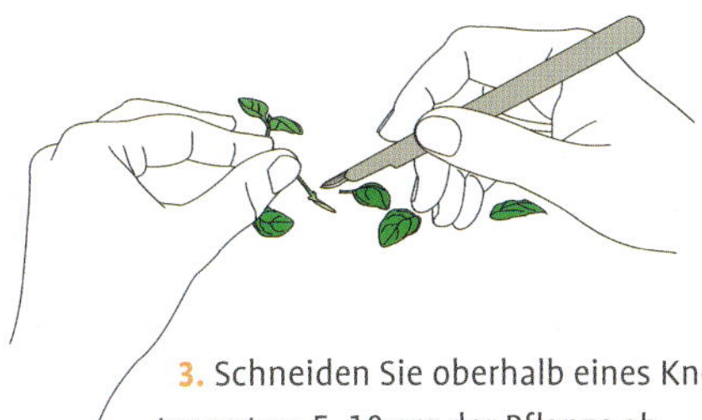

3. Schneiden Sie oberhalb eines Knotens etwa 5–10 cm der Pflanze ab, entfernen Sie dann alle Blätter bis auf die beiden obersten Blättchen. Schneiden Sie von diesen Blättchen jeweils quer die Hälfte ab, um die Wurzelbildung zu aktivieren und die Respiration zu imitieren. Schrägen Sie das untere Ende des Triebes vorsichtig ab, um die Ausbildung von Wurzeln zu beschleunigen.

4. Stecken Sie den Steckling in einen Träger. Es dauert 1 Woche bis zum Treiben der ersten Wurzeln und 3 Wochen bis zum ersten Wachstumsschub. Wenn das Pflänzchen umgesetzt werden soll, muss dies 1 bis 3 Wochen nach Erscheinen der ersten Wurzeln geschehen.

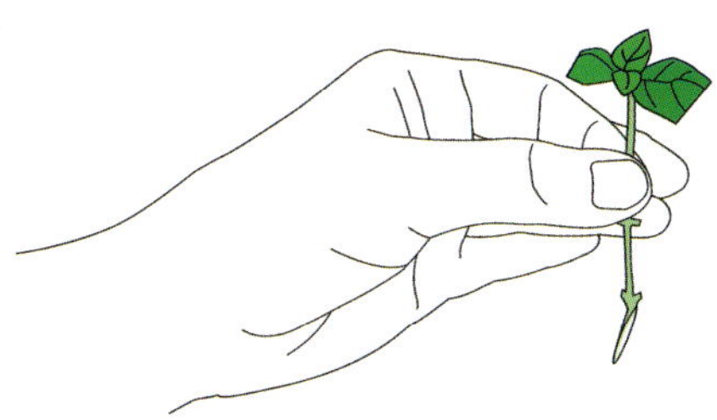

Die Kultur auf einem Tisch eignet sich besonders für die Stecklinge. Dadurch kann man das Wachstum mancher Pflanzen bis zur Ernte hin verfolgen.

Die Pflanzschalen (Trays) für die Stecklinge sind überall in den Abfalleimern von Gartenbaubetrieben und des Gartenhandels zu finden. Wenn man sie umdreht, eignen sie sich wunderbar zum Bewurzeln der Stecklinge.

Umsetzen ist eine komplizierte Sache, weil man die Wurzeln beim Herausziehen aus dem Töpfchen nicht beschädigen darf. Unachtsamkeit rächt sich durch ein zuweilen deutlich verlangsamtes Wachstum.

Stecklinge ohne Substrat
Beim Anbau ohne Substrat können die Stecklinge direkt in dem Kultursystem bewurzelt werden, in dem sie auch später wachsen werden.

Stecklinge mit Substrat
Das Milieu für die Stecklinge darf nicht staunass sein und muss zugleich permanent feucht bleiben. Gewöhnlich verwendet man ein Gemisch aus feiner Kübelpflanzenerde (30 %) und Sand (70 %). Sobald die Wurzeln unten aus den Töpfen kommen, muss umgetopft werden.

Nährlösung
Phosphor ist für die Wurzelbildung unerlässlich. Richten Sie sich daher nach den empfohlenen Dosierungen für die Wurzelbildung in den Kulturanleitungen ab Seite 14.

Aussaat bei der Kultur ohne Boden

Das ist nichts Neues – alle aus Saatgut gezogenen Pflanzen des Erwerbsanbaus werden in offenporigen Tabletts gefüllt mit Anzuchterde getrieben. Die Anzuchtmischung besteht gewöhnlich aus schwarzem und weißem Torf, Sand und Komposterde. Für kräftige Sämlinge muss das Gemisch gleichermaßen gut entwässern wie feucht bleiben. Die drei ersten Wochen im Leben Ihrer Pflanzen sind entscheidend. Wenn Ihre Sämlinge Anzeichen von Missbildungen oder abnormale Blätter zeigen, zögern Sie nicht, nochmals von Neuem anzufangen.

Ein Samenkorn wird schön mittig im Anzuchttöpfchen platziert, damit sich die Wurzeln gleichmäßig entwickeln.

Methode

Für die Aussaat sind Töpfchen oder Anzuchttabletts aus Plastik mit perforiertem Boden zum Ablaufen des Wassers am besten geeignet.
Mischen Sie ein leichtes Substrat aus 70 % Sand und 30 % feiner Kübelpflanzenerde und füllen Sie die Anzuchtbehälter sorgfältig bis fast zur Kante auf.
In die Mitte der Töpfchen bohren Sie ein kleines Loch von 0,5 cm, in das jeweils ein Samenkorn gesteckt wird. Streuen Sie eine Prise Substrat darüber und wässern Sie es großzügig mit einem Sprüher. Dann beginnt das Warten auf das Keimen.
Die Anzuchtbehälter können in ein Mini-Gewächshaus gestellt werden, um die für das Keimen nötige Temperatur von etwa 20 °C zu erhalten.
Wenn die Pflanze den ersten Blätterkranz zeigt, lüftet man sie während des Tages. Morgens und abends wässert man sie ordentlich mit dem Sprüher und achtet auf das Ablaufen überschüssigen Wassers.

Die Bewässerung der Sämlinge erfolgt mit Hilfe eines Sprühers oder einer Gießkanne mit ganz feiner Brause. Große Tropfen könnten den Samen freilegen und das Substrat wegspülen.

Mit Hilfe von Thermometer und Hygrometer konstant gehaltene Bedingungen (eine Temperatur von 20 °C und eine Luftfeuchtigkeit von 70 %) machen ein Mini-Gewächshaus optimal für das Keimen der Samen.

Vermerken Sie die Pflanzennamen unbedingt auf Etiketten, wenn Sie verschiedene Arten oder Sorten aussäen. Sobald die zweite Lage Blätter wächst, werden die Pflanzen pikiert. Die Wurzeln dürfen dabei nicht beschädigt werden. Verspätetes Umpflanzen führt zu einem Ungleichgewicht der Nährstoffe und des Wurzelwachstums.

Ernährung

Fünf Tage nach dem Keimen bereitet man eine Nährlösung für das Wurzelwachstum zu und gießt mit dieser Dosierung bis zum Pikieren.

Umsetzen des Sämlings in Blähton

Es ist schwierig, qualitativ hochwertige Pflanzen durch direkte Aussaat in Blähton zu ziehen. Samen werden daher in Anzuchtsubstrat gesät und beim Umtopfen in ein Bett aus Blähton gesteckt. Dabei muss man sehr behutsam vorgehen.

1. Das Substrat sorgfältig entfernen, dabei gut auf die Wurzeln achten.

2. Die Jungpflanze behutsam in einen Netztopf stellen.

3. Vorsichtig Blähton einfüllen und dabei den Sämling in der Mitte des Netztopfes halten. Darauf achten, dass die Wurzeln am Boden nicht gequetscht werden.

Beim Umtopfen bekommt jede Pflanze einen eigenen Topf. Manche Pflanztöpfe sind aus Maisstärke hergestellt und zersetzen sich in der Erde nach wenigen Wochen.

Biologischer Anbau

Bei dieser Anbauform wird organischer Dünger zur Pflanzenernährung eingesetzt. Zudem wird auch angestrebt, die Umwelteinflüsse in allen Anbauphasen möglichst gering zu halten.

Im Gegensatz zum biologischen Anbau im Erdboden kann diese Anbauform tatsächlich zukunftsorientierte Lösungen für die lokale Produktion von Lebensmitteln, für die Nutzung von Abfall und für den Wasserverbrauch liefern. Sie kann auf individueller Ebene betrieben werden, sie erfordert weniger Pflege und sie sichert den Pflanzen stärkere Widerstandskräfte im Kampf gegen äußere Einflüsse.

In diesem Wurzelteppich von Basilikumpflanzen, die in Kulturtabletts mit organischem Dünger als substratlose Kultur gezogen wurden, wimmeln Milliarden von Mikroorganismen, die dieses Wunder erst ermöglichten.

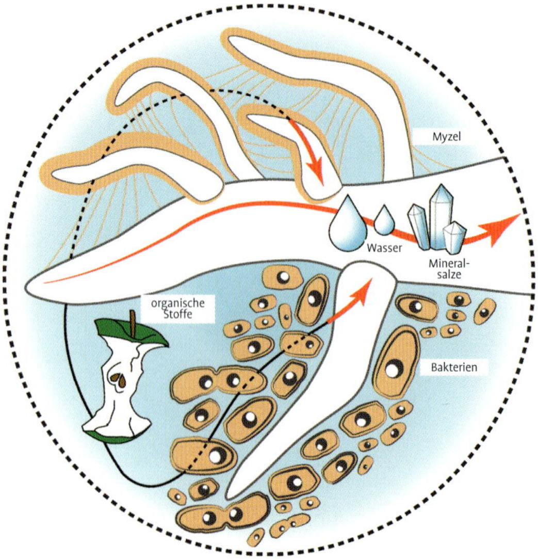

Ohne die Hilfe der Mikroorganismen können die Wurzeln das organische Material nicht in Mineralstoffe aufspalten.

Eine einfache, natürliche Methode

Unter ökologischen Aspekten betrachtet, eröffnet sich beim Anbau ohne Boden eine ganz neue Perspektive: Berücksichtigt man die Artenvielfalt, kann damit eine lebendige, natürliche Umgebung geschaffen werden, ein Ökosystem im Gleichgewicht, in dem Bakterien, Pilze und Insekten gemeinsam am Werden der angebauten Gemüse arbeiten.

Prinzip

Humus bezeichnet die oberste Bodenschicht, die durch den Verrottungsprozess aller dort abgelagerten organischen Stoffe entsteht. Er bildet den Vorrat für organische Nährstoffe, die durch im Boden lebende Mikroorganismen und Pilze zu Mineralstoffen abgebaut werden. Pflanzen benötigen ihre Nährstoffe in Form von Mineralien. Bei einer Anbauform ohne Boden, bei der organischer Dünger zugegeben wird, muss dieser ebenfalls erst umgebaut werden. Dazu binden sich die für den Anbau zugefügten Mikroorganismen an die Pflanzenwurzeln und gewährleisten den Umbau und die Aufnahme der Mineralien.

Mykorrhiza

Jeder kennt die Trüffel, berühmt für ihren Geschmack und den hohen Preis! Weniger bekannt ist die Tatsache, dass sie das Ergebnis einer Symbiose von Pilz und Eiche sind. Derartige Symbiosen zwischen Pilz und Pflanze im Boden nennt man Mykorrhiza. Dabei lockt die Pflanze Pilze an, die sich mit ihr auf Wurzelebene verbinden. Die Pflanze stellt Zucker und Kohlenstoff zur Verfügung, die die Pilze benötigen. Im Gegenzug begünstigen die Pilze die Aufnahme der Mineralstoffe und kolonisieren sehr viel Fläche, sodass andere Pilze, unter Umständen pathogene Pilze, an der Ansiedlung gehindert werden. Man nimmt heute an, dass die Besiedlung der Mykorrhiza bei der Pflanze einen Alarm auslöst, der die Abwehrmechanismen gegen neue Eindringlinge in Gang bringt. Etwa 90 % der Kulturpflanzen können Symbiosen mit Pilzen eingehen.

Mykorrhiza

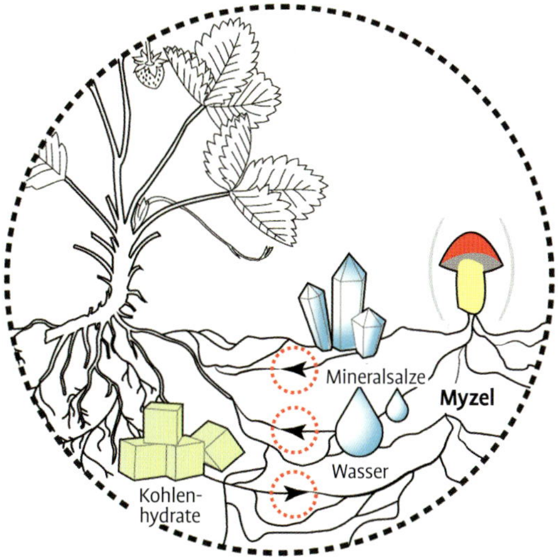

In naturnahen Wäldern verbinden manche Mykorrhiza-Pilze die lebenden Pflanzen mit einer Oberfläche von etlichen Quadratkilometern Ausdehnung.

Bakterien

Die Interaktion zwischen Pflanzen und Bakterien auf Wurzelebene nimmt eine Schlüsselstellung für das Wachstum und die Gesundheit der Pflanzen ein. Die Ausscheidungen der Wurzeln sind Kohlenstoff- und Energiequellen für die Entwicklung von Mikrobengemeinschaften. Sie geben ein Startsignal für die Interaktion mit den Mikroorganismen: Bakterien dringen in die Wurzel ein und schaffen dort einen Kanal für den Stoffaustausch. Danach wird die Kolonie von Wurzelnetzen überzogen, die reich an kugeligen Verdickungen sind, den **Wurzelknöllchen**.

Die Besiedlung der Wurzeln durch Bakterien hat viele Vorteile. Man nimmt heute an, dass dadurch zufriedenstellende Erträge der Landwirtschaft ohne große Düngerzugaben erzielt werden können.

Stickstoffbindende Bakterien

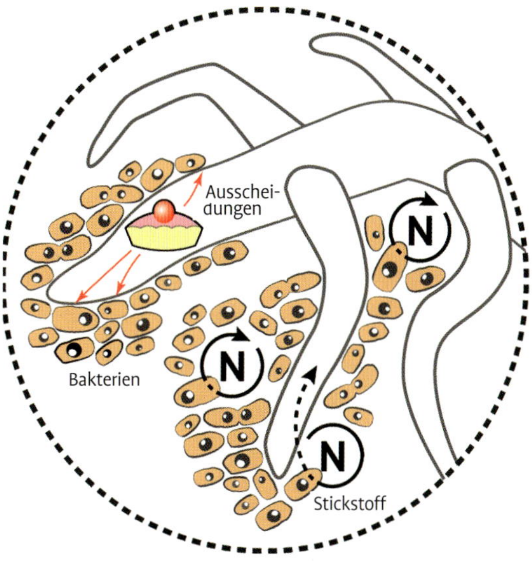

Die Wechselwirkung mit Bodenbakterien spielt eine Schlüsselrolle im Leben der Pflanzen.

Anbauformen ohne Substrat

Das ist sicherlich die einfachste Anbauform von Pflanzen, die man sich vorstellen kann. Wasser und Nährstoffe genügen, und die Wurzeln können in die für ihre Entwicklung erforderliche Nährlösung eintauchen. Das Geheimnis des Erfolges liegt im Zusammenspiel von Sauerstoffanreicherung des Milieus, Nährstoffmenge und guter Zirkulation der Nährlösung. Gärtnern ohne Werkzeug auf leichten Trägersystemen bei einfacher Pflege und trotzdem reicher Ernte – das klingt doch gut. Auf den ersten Blick aufwendig und künstlich, basiert die Methode trotzdem auf den Grundprinzipien des Pflanzenlebens.
Dass man nicht jedes Jahr neues Substrat heranschaffen muss, ist ein Pluspunkt für alle, die ihre Kulturen in der Höhe anlegen. Beim substratlosen Anbau braucht man keine schweren und sperrigen Pflanztöpfe und kann mehr Pflanzen unter geringerem Zeitaufwand anbauen.
In unserem Gewächshaus kultivieren wir die Erdbeeren auf drei Ebenen, um so die Produktion pro Quadratmeter zu erhöhen.
Die folgenden Kulturanleitungen sollen Ihnen die ersten Schritte bei dieser Anbauform erleichtern.

Die Erdbeeren wachsen in schmalen Rinnen, auf deren Boden die Mischung aus Wasser und Nährstoffen zirkuliert.

Sie können ohne Rückenschmerzen ernten.

Die Kultur auf dem Tisch: Anbau auf Augenhöhe

Dieses System ist für all jene gedacht, die eine ertragreiche und in der Anwendung sehr einfache Methode suchen. Auf einem gewöhnlichen Tisch platziert, erfordert die Anbauform keinerlei sportliche Verrenkungen. Die Pflanzen werden ohne Substrat angebaut, und darum müssen weder schwere Säcke mit Erde herbeigeschafft, noch besondere Vorkehrungen für die alljährlich fällige Vorbereitung des Gemüsegartens getroffen werden. Das System eignet sich besonders gut, wenn man den Anbau mit Stecklingen beginnen möchte.

Kosten: Diese zuverlässige und robuste Technik liefert eine reiche Ernte. Der Energieverbrauch der Pumpe liegt unter der eines Mobiltelefons.

Ökologie: Neben der Verwendungsmöglichkeit von biologischen Düngern können die meisten Kulturabfälle kompostiert werden. Die Kunststoffe, aus denen das Pflanzsystem besteht, sind relativ langlebig.

Grenzen: Die Anlage eignet sich nicht zum Anbau von Pflanzen mit mehr als 60 cm Wuchshöhe, da die geringe Tiefe der Schalen den Wurzeln nicht genug Halt bei Wind bietet.

Die Zirkulation der Nährlösung

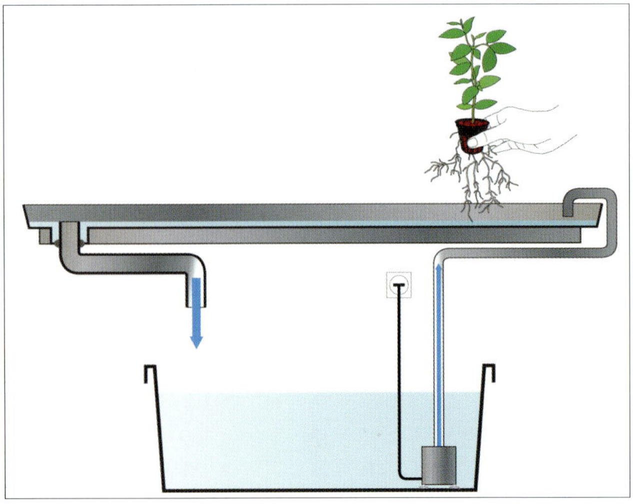

Grundprinzip

Man lässt mittels einer in einem Behälter platzierten Pumpe einen dünnen Flüssigkeitsfilm über Tabletts mit leicht erhöhten Rändern zirkulieren. In den Tabletts nehmen die Wurzeln Wasser und Nährstoffe auf, überschüssige Berieselungsflüssigkeit sammelt sich zur Wiederverwertung in einem Sammelbehälter direkt unter dem Pflanztisch. Die Anlage kann je nach Fläche ausgelegt werden, insbesondere wenn mehrere Pflanztische in einem Verbund gespeist und entwässert werden sollen. Dank dieser klugen Vorrichtung können Sie jeden Quadratzentimeter ihres Gartens nutzen, auch wenn es der gesamte Balkon sein sollte.

Geeignete Kulturen

Diese Anbauform eignet sich besonders für Schnittsalate und die meisten Kräuter. An einer windgeschützten Stelle können auch Lauch und Paprika angebaut werden.
Langsam wachsende und groß werdende Pflanzen, wie Rhabarber oder Kohl, sollte man nicht verwenden. Auch bei Arten mit üppigem Wurzelwachstum, z. B. Tomaten, Kürbissen und Gurken, wird man keine guten Ergebnisse erzielen.

Das beeindruckende Wachstum der Pflanzen verbirgt die Pflanztabletts.

Sobald die Pflanzen größer werden, gewinnen die wuchskräftigeren Arten in den Pflanztabletts die Oberhand. Um diese Unausgewogenheit einzudämmen, empfiehlt es sich, gleiche Sorten abschnittsweise anzubauen. So erhält man pro Sorte einen Busch. Zwei bis drei Arten pro Quadratmeter genügen.

Bevor man die Pflanzen im Garten auspflanzt, kann man durch die Kultur auf Tischen eine große Anzahl von Arten auf kleiner Fläche vortreiben.

Umsetzung

Zum Aufbau dieses Systems benötigt man nur wenige Werkzeuge: ein Messer und eine Bohrmaschine sowie einen Forstnerbohrer mit einem Durchmesser zwischen 32 und 50 mm, je nach Durchmesser der Ablaufrohre.

Material

(In der Zeichnung sehen Sie, wo die Bauteile platziert werden.)

- drei Tabletts mit erhöhtem Rand
- Wasserbehälter mit einem Volumen von 30 l/m²
- Pumpe mit Durchflussmenge von 300–800 l/h und 60 cm Pumphöhe
- Schlauch von 10 mm Durchmesser
- drei Kniestücke aus Polyethylen (PE) von 10 mm Durchmesser
- drei Ventile
- drei Dichtungsstücke aus Kautschuk von 32–50 mm Durchmesser (je nach Größe des Ablaufrohres)
- zwei Ablaufrohre von 32–50 mm Durchmesser + ein z-förmiges Endstück
- eine Zeitschaltuhr mit Regelung im Minutentakt

Zusammenbau

1. Tabletts durchbohren
2. Dichtungsstücke einsetzen
3. Pflanztabletts horizontal auf ein geeignetes Gestell platzieren
4. Ablaufrohre einstecken
5. Wasserbehälter unter den Tabletts platzieren
6. Bewässerungssystem zusammenbauen
7. Behälter mit Wasser füllen
8. Bewässerungssystem anschließen
9. Wasserstand in den Tabletts abmessen und Abläufe auf Dichtigkeit prüfen
10. Nährlösung mischen

Besonderheiten

Eine Regelung der Bewässerung im Minutentakt ist unerlässlich. Steuern Sie den Durchfluss des gepumpten Wassers mit Hilfe von Ventilen pro Ebene an den Auslässen des Bewässerungssystems.

Die Tabletts können durch Winkeleisen an der Wand befestigt werden oder in einem Gestell stehen.

Die Pumpe sollte stärker sein als bei einem System mit nur einer Ebene. Sie muss mindestens 2,5 m Hub bewältigen. Achten Sie beim Kauf auf die technische Spezifikation, die normalerweise auch die Pumphöhe angibt.

VENDU

Die Kultur im Balkonkasten

Diese Lösung ersetzt auf vorteilhafte Weise die traditionellen Pflanztöpfe. Am Balkongeländer angehängt, ist dieses System sowohl dekorativ wie auch ertragreich. Pflanzen, die einige Meter Länge erreichen können, zum Beispiel Kürbis und Tomaten, eignen sich perfekt dafür. Wer wenig Platz oder nur eine Fensterbank hat, findet in der Anbauform am Geländer eine effiziente Möglichkeit zum Gemüseanbau.

Kosten: Die Pflege fällt gering aus, was mehrere Jahre Anbau ohne Veränderungen ermöglicht. Der Anbau am Balkongeländer verursacht Anschaffungskosten für das Material etwa in Höhe der Kosten für Designer-Pflanzkübel, wie man sie derzeit im Gartenfachhandel findet.

Ökologie: Man benötigt relativ wenig Substrat für die Pflanzen in den Hängekörben, und die verwendeten Materialien sind robust und wiederverwendbar. Das Anbausystem hält lange, nur die Pumpe müsste man eventuell einmal ersetzen.

Grenzen: Wenn man eine große Menge an Pflanzen kultivieren möchte, könnten die Kosten außer Kontrolle geraten.

Kreislauf der Nährlösung

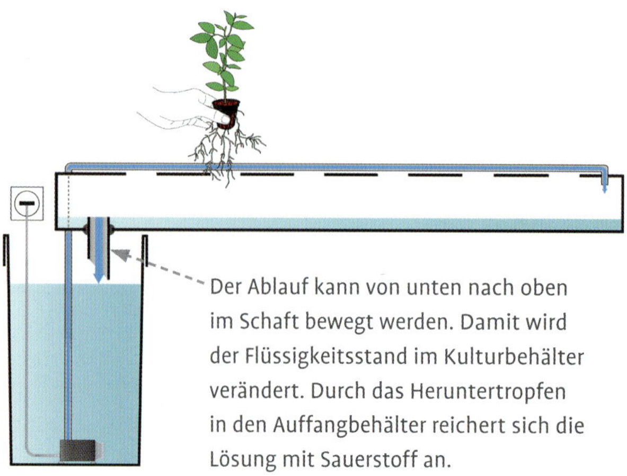

Der Ablauf kann von unten nach oben im Schaft bewegt werden. Damit wird der Flüssigkeitsstand im Kulturbehälter verändert. Durch das Heruntertropfen in den Auffangbehälter reichert sich die Lösung mit Sauerstoff an.

Grundprinzip

Man lässt mittels einer in einem Behälter platzierten Pumpe einen dünnen Flüssigkeitsfilm über Tabletts mit leicht erhöhten Rändern zirkulieren, aus den Tabletts entnehmen die Wurzeln Wasser und Nährstoffe. Überschüssige Flüssigkeit sammelt sich zur Wiederverwertung in einem Sammelbehälter direkt unter den Kulturbehältern. Die Anlage kann je nach Fläche ausgelegt werden, insbesondere wenn mehrere Kästen in einem Verbund gespeist und entwässert werden sollen. Mit Abdeckungen versehene Rinnen mit flachem Boden, sogenannte Anbaukammern, sind im Abstand von 20 cm oben mit einem Loch versehen, in dem die Pflanzen stehen. Die Bewässerung erfolgt von oben an einem Ende der Kammer. Der Ablauf zum Reservoir hin befindet sich unten am entgegengesetzten Ende. Die Pflanzen werden in Netztöpfen, die mit Blähton gefüllt sind, in die Anbaukammer gestellt. Die Nährlösung läuft in den Sammelrinnen der Kammern, wobei zwischen Fuß und oberem Rand der Netztöpfe Luft bleibt. In einer Variante des Systems wird die Bewässerung entlang der Kammer aufgeteilt, um mehr Sauerstoff in die Nährlösung zu transportieren. Mit Hilfe einer stärkeren Pumpe verbindet diese Mischform die Techniken von Aeroponik (besseres Wachstum) und NFT (gute Zuverlässigkeit).

Diese beeindruckende Pflanzenmasse wurzelt in drei Balkonkästen von nur 12 cm Tiefe. Da man die Länge der Kästen bestimmen kann, lässt sich auch ein langer und schmaler Balkon in einen veritablen Garten umwandeln, in dem man gesunde Nahrung direkt zur Hand hat.

Das Pflanzenvolumen schafft innerhalb weniger Wochen eine Atmosphäre wie auf dem Land.

Unter UV-Licht-Einwirkung können Schadstoffe freigesetzt werden, UV-resistente Materialien sind daher absolut erforderlich. Graue PVC-Abflussrohre z. B. dürfen nicht verwendet werden, weil sie chemisch zu instabil sind, um eine Gesundheitsgefährdung beim Ertrag auszuschließen.

Mit der Anzahl der Auslassventile erhöht sich auch die Gefahr der Verstopfung. Nach einigen Wochen behindert die Pflanzendecke den Zugang zum Bewässerungssystem, weshalb dessen Wartung kompliziert werden kann.

Das Netz der Töpfe ermöglicht den Kreislauf von Wasser und Luft. Die Wurzeln wachsen bis zum Boden der Anbaukammern, wo das Wasser zirkuliert.

Geeignete Kulturen

Die meisten Pflanzen eignen sich für diese Anbauform. Besonders üppig sieht ein Sortiment aus rankenden, hängenden und aufrecht wachsenden Pflanzen aus. Große, rasch wachsende Arten sollten nur mit einem Exemplar alle paar Meter zwischen weniger groß wachsenden Pflanzen vertreten sein. Auch kann die Menge der Wurzeln nach 4 Monaten der Kultur echte Probleme beim Ablauf des Wassers verursachen.

Aufbau der Kulturvorrichtung

Bevor Sie beginnen, vergewissern Sie sich, dass das System sicher befestigt ist. Wenn Sie Pflanzen mit einer Wuchshöhe von mehr als 50 cm anbauen, sorgen Sie gleich zu Beginn für die Montage von Stützen oder Spanndrähten. Dann muss das System nur noch angeschlossen werden. Wenn sichergestellt ist, dass das Wasser störungsfrei zirkuliert, setzen Sie die Pflanzen in die vorgesehenen Aussparungen. Der Stand der Nährlösung in der Pflanzkammer sollte mit Hilfe des Abflussrohrs so justiert werden, dass die Flüssigkeit um den Fuß der Netztöpfe fluten kann. Der Blähton nimmt durch den Kapillareffekt Feuchtigkeit auf, sodass die Jungpflanzen nicht vertrocknen.

Bewässerungszyklen

Es gibt unterschiedliche Möglichkeiten zur Bewässerungssteuerung. Wenn Sie eine Zeitschaltuhr mit Minutentaktung besitzen, stellen Sie die Bewässerung auf je 2 Minuten Durchfluss und 10 Minuten Pause ein. In der Nacht kann man die Bewässerung auf 2 Minuten stündlich reduzieren.
Am weitesten verbreitet sind Zeitschaltuhren mit 15-minütiger Taktung. In diesem Fall programmieren Sie die Bewässerung am Tag auf 15 Minuten pro Stunde und 15 Minuten alle 4 Stunden während der Nacht. Diese Empfehlungen betreffen sehr hohe Tagestemperaturen. Wenn diese nicht über 25 °C steigen, halbieren Sie die Anzahl der Bewässerungszyklen.

Die Prunkwinde in der Auberginenpflanze erhöht deren Standfestigkeit, sodass sie bei starken Böen nicht so schnell entwurzelt wird – und das ohne den Ertrag zu schmälern!

Umsetzung

Zum Aufbau dieses Systems benötigt man eine Bohrmaschine und entsprechende Bohrer, um die Aussparungen für die Pflanzentöpfe und den Auslass zu bohren. Der Durchmesser der Löcher richtet sich nach der Größe der Netztöpfe und dem Durchmesser der Dichtung für den Auslass.

Material

- eine Anbaukammer
- einen Behälter mit einem Volumen von 30 l/m²
- eine Pumpe mit Durchflussmenge von 800–1200 l/h und 50–100 cm Pumphöhe
- Schlauch von 13 mm Durchmesser
- drei Kniestücke aus Polyethylen (PE) von 13 mm Durchmesser
- ein Dichtungsstück aus Kautschuk von 32–50 mm Durchmesser
- ein Ablaufrohr von 32–50 mm Durchmesser
- zwei Winkeleisen pro laufenden Meter
- eine Zeitschaltuhr mit Regelung im Minutentakt
- Netztöpfe
- Blähton

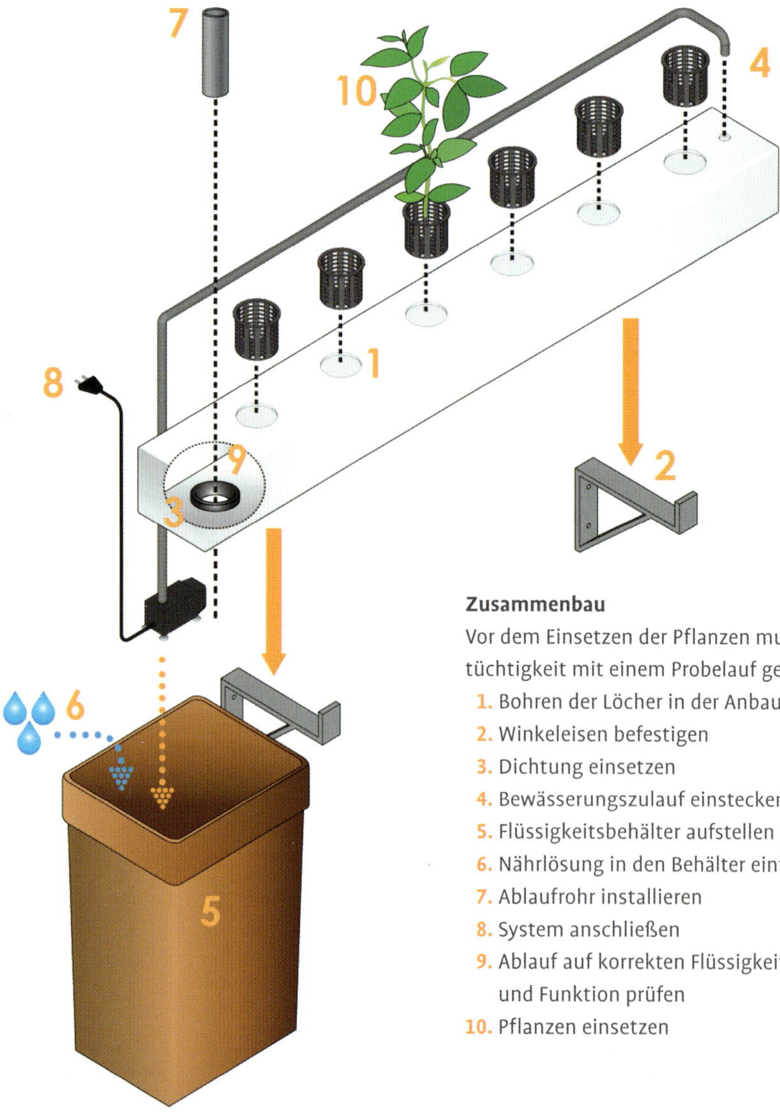

Zusammenbau

Vor dem Einsetzen der Pflanzen muss die Funktionstüchtigkeit mit einem Probelauf geprüft werden.

1. Bohren der Löcher in der Anbaukammer
2. Winkeleisen befestigen
3. Dichtung einsetzen
4. Bewässerungszulauf einstecken
5. Flüssigkeitsbehälter aufstellen
6. Nährlösung in den Behälter einfüllen
7. Ablaufrohr installieren
8. System anschließen
9. Ablauf auf korrekten Flüssigkeitsstand justieren und Funktion prüfen
10. Pflanzen einsetzen

Düngung

Ohne Substrat empfiehlt sich die Wiederverwendung der Nährlösung, welche für eine gute Ernährung der Pflanzen ausgewogen sein muss. Die Messung der Leitfähigkeit (EC) vereinfacht die Kontrolle der Düngemittelkonzentration im Wasser.

Pflege

Diese Anbauform funktioniert über lange Zeit hinweg ohne jegliche Störungen. Allwöchentlich sollte man den Stand der Nährlösung im Vorratsbehälter und die Funktion der Pumpe prüfen.
Am Ende der Anbausaison müssen die Anbaukammern unbedingt gereinigt werden.
Prüfen Sie regelmäßig die Durchflussmenge des Bewässerungssystems. Wenn sie abnimmt, reinigen Sie die Zuläufe mit einem langstieligen Wattestäbchen.

Vorsichtsmaßnahmen

Im Handel findet man unzählige Produkte, die man für die Anbaukammern verwenden könnte. Oft sind sie aus PVC hergestellt und dann mit einer UV-Schutzbeschichtung überzogen, die das Material witterungsstabil hält. Diese Schutzschicht hält jedoch nicht ewig und das blanke Material gibt unter Umständen toxische Stoffe ab. Nur Produkte aus **Polypropylen** sind langlebig und eignen sich für den Lebensmittelbereich.
Bei runden Querschnitten (Röhren, Zylindern) lässt sich das Wasser nicht gut durch ein dichtes Wurzelnetz spülen.
Sobald die Wurzeln den Durchlauf verlangsamen, verringert man das Wässern, indem man die Phasen zwischen zwei Bewässerungen verlängert.

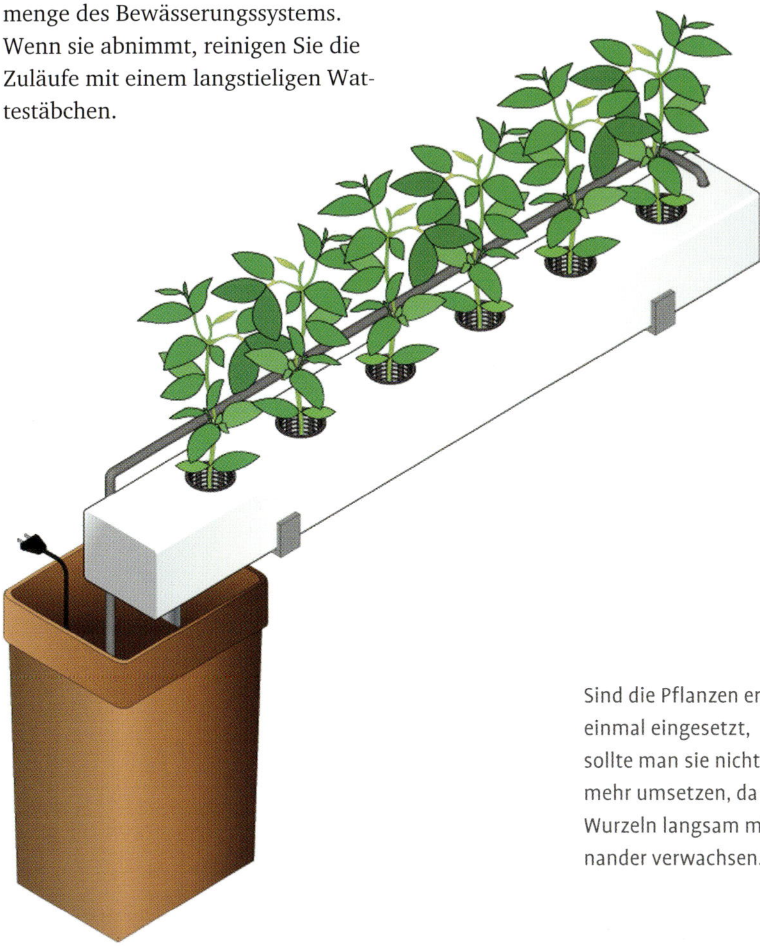

Sind die Pflanzen erst einmal eingesetzt, sollte man sie nicht mehr umsetzen, da die Wurzeln langsam miteinander verwachsen.

Lovely
Bunny

Anbauformen mit Substrat

Diese Techniken werden mit Abstand am häufigsten im Erwerbsanbau und von Gartenfreunden eingesetzt. Dabei stehen die Pflanzen in Behältern, die mit einem organisch-mineralischen Substrat gefüllt sind. Man wählt diese Anbauform gewöhnlich dann, wenn man große, mehrjährige Pflanzen in Kübeln kultivieren möchte. Auf alle Fälle sollte man das Gewicht der Materialien und den Aufwand bei der Umsetzung dieser Technik je nach Substrat und Anbaufläche bedenken. Glücklicherweise gibt es außer Erde noch eine große Auswahl an anderen Substraten. Sie werden auch verschiedene, teils recycelte Behälter sehen, die als Anbaugefäße dienen können. Je nach geplantem Ertrag und vorhandenem Budget sind verschiedene Ausführungen möglich. In allen Fällen aber richtet sich die optimale Anordnung der Pflanzgefäße nach dem gewählten Bewässerungsverfahren.

Die Substrate

Struktur und Zusammensetzung eines Kultursubstrats sind entscheidend für den Anbauerfolg. In den meisten Fällen werden die Pflanzkübel gefüllt, ohne wirklich darüber nachzudenken. Doch im Handel ist ein breites Sortiment an Substraten erhältlich: organische Substrate, die auch Kübelpflanzenerde enthalten, und mineralische, wie Puzzolan-Granulat. Bevor Sie sich entscheiden, sollten Sie verschiedene Kriterien beachten.

Die maximale Gewichtsbelastung für den Balkon liegt bei etwa 400 kg/m². Bei einem Dach oder einer Terrasse sollte man sich an die zuständigen städtischen Behörden wenden, da die rechtlichen Vorgaben lokal unterschiedlich sind. Die Last wird für nasses Substrat berechnet.

Wenn man in der Höhe Pflanzen anbaut, ist das Gewicht ein kritischer Punkt. Spätestens beim Transport wird klar, dass eine vergleichbare Menge Substrat deutliche Gewichtsunterschiede zeigt. Perlit wiegt pro Liter nur einige Dutzend Gramm, ein Liter Kübelpflanzenerde hingegen fast 700 g.
Kosten und Lebensdauer des Produkts sollten ebenso bedacht werden. Kübelpflanzenerde von mittlerer Qualität kann beim Kauf recht günstig sein. Dass man sie im folgenden Jahr ersetzen muss, spricht ernstlich gegen ihre Verwendung. Manche mineralischen Substrate wie Blähton können über viele Jahre hinweg wiederverwendet werden.
Schließlich sollten auch ökologische Zusammenhänge und der Umweltschutz berücksichtigt werden. Kübelpflanzenerde wird in den meisten Fällen aus Torf gewonnen, einem nicht nachwachsenden Rohstoff, der Tausende Kilometer bis in unsere Pflanzkübel herangeschafft werden muss. Steinwolle wird unter hohen Temperaturen aus Gestein erzeugt. Zudem haben aus dem Handel stammende

Torf

Pflanzenfasern

Vermiculit

Akadama (Bonsaierde)

Blähton

Sand

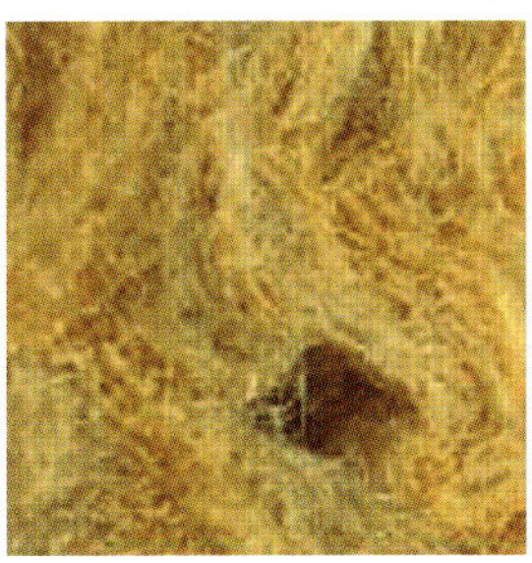
Steinwolle

Schotter

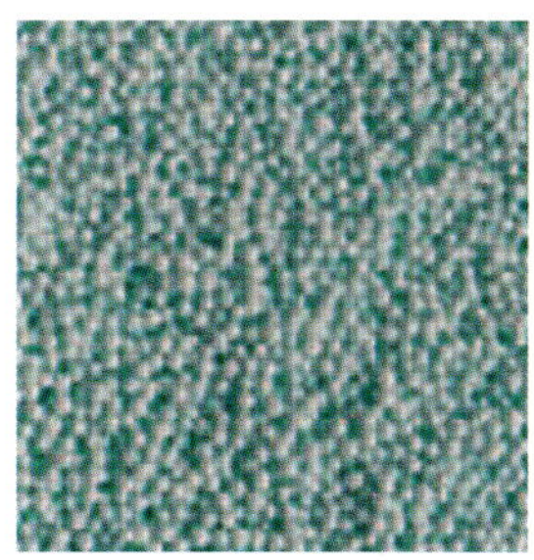
Polystyren

Puzzolan

Perlit

Textilfasern

Der Transport des Kultursubstrats macht große Mühe, bedenken Sie das rechtzeitig.

Substrate transportbedingt eine recht schlechte CO_2-Bilanz, eigene Komposterde dagegen eine positive. Um die Auswirkungen des Materials auf die Umwelt abzuschätzen, sollte man auch Langlebigkeit und Verfügbarkeit betrachten. Abgesehen von ökologischen Überlegungen sollte ein gutes Substrat Wasser und Nährstoffe halten und trotzdem eine gute Dränage aufweisen, damit die Wurzeln nicht unter Staunässe und damit Sauerstoffmangel leiden. Aus diesem Grund mischt man für das Kultursubstrat organische und mineralische Materialien.

Vergleich der Substrate*

Mineralsubstrat	Preis/l in €	Gewicht/l	Lebensdauer in Ernten **	Umwelteinfluss	Reaktionsvermögen***	Speicherfähigkeit
Puzzolan	0,26	0,5 kg	≧20	mittel	träge	gering
Schotter	0,10	1,4 kg	≧20	mittel	träge	null
Grober Sand	0,10	1,6 kg	≧20	mittel	träge	null
Steinwolle	0,37	0,03 kg	≦1	stark	träge	mittel
Perlit	0,30	0,10 kg	≧2	stark	träge	gut
Vermiculit	0,18	0,12 kg	≧1	stark	träge	gut
Blähton	0,32	0,44 kg	≧20	stark	träge	gering
Organ. Substrat	**Preis/l in €**	**Gewicht/l**	**Lebensdauer in Jahren**	**Umwelteinfluss**	**Reaktionsvermögen****	**Speicherfähigkeit**
Torf	0,09	0,13 kg	≧3	stark	stark	gut
Rinde	0,19	0,24 kg	≧3	mittel	stark	gering
Kokosfaser	0,25	0,07 kg	≧2	mittel	träge	gut
Pflanzerde	0,30	0,40 kg	≧1	mittel/stark	stark	gut
Torfmoose	1,10	0,20 kg	≧5	stark	träge	mittel
Kompost	0,14	0,65 kg	≦1	gering	stark	gut

* Es handelt sich um Näherungswerte.
** Anzahl der Ernten bis zur Kompostierung des Substrats
*** Chem. Reaktionsfähigkeit des Substrats mit dem Dünger
**** Reaktion des Substrats mit der Nährlösung

Wiederverwertbar!

Alle mineralischen und organischen Substrate sind wiederverwertbar. Im Komposter mischt man sie mit den anfallenden Grünabfällen. Nach etwa sechs Monaten der Zersetzung ist das neue Qualitätsprodukt verwendbar.

Kultur in erhöhten Pflanzgefäßen

Während der letzten Jahre erlebte der Gemüseanbau einen völlig unerwarteten Aufschwung. Das Problem, dass die blanke Erde schwer zu finden und das Arbeiten am Boden mühsam ist, führte konsequenterweise zur Suche nach besser geeigneten gärtnerischen Lösungen. Die erhöhten Pflanzgefäße zählen zu den ersten Errungenschaften, die durch Fachzeitungen bekannt gemacht wurden. Anfangs verband man nur die Eigenschaften eines Tischs mit einem Pflanzgefäß. Heute gibt es zahlreiche Varianten dieses Grundbauplans. Die unten vorgestellte Variante ist an die Modelle des Erwerbsanbaus angelehnt, hat aber den Vorteil, dass man sie selbst bauen kann.

Kosten: Man kann dieses System aus wiederverwendeten Materialien bauen. Man bekommt alle Teile in Heimwerkermärkten.

Ökologie: Bei Wiederverwertung von Materialien ist die Kohlenstoffbilanz positiv. In den anderen Fällen kann man den ökologischen Fußabdruck nur schwerlich bemessen, da er sich aus Ursprungsland des Materials, Zusammensetzung, Herstellungsort und Transportweg zusammensetzt.

Grenzen: Je nach Kastengröße sollte man den Zusammenbau geübten Bastlern mit reichlich Werkzeug überlassen. Der Transport großer Substratmengen erfordert Kraft und Ausdauer, Rückenschmerzen können die Folge sein. Hat der Anbau erst begonnen, kann das Pflanzgefäß nur noch mühsam verschoben werden.

Grundprinzip

Die Anlage in Form von Pflanzkästen erlaubt die Abstimmung auf die verfügbare Fläche und die Körpergröße des Gärtners. In der Praxis muss man lediglich einen dichten Kasten bauen. Darin wird eine Bodenschicht aus Mineralsubstrat ausgebracht und darüber Pflanzerde verteilt. Ein Überlauf in der Mitte gewährleistet, dass überschüssiges Gießwasser abfließen kann.

Geeignete Kulturen

Die meisten Arten gedeihen sehr gut in den Pflanzkästen. Größer wachsende Pflanzen, wie Sträucher, sind jedoch unkomfortabler abzuernten. Wenn man überwiegend Pflanzen mittlerer Größe mit etwa 50 cm Wuchshöhe wählt, kann man alle Vorteile dieser Kultur auf Arbeitshöhe genießen.

Ein Netz zum Schutz der Sämlinge hält erfolgreich Katzen oder körnerfressende Vögel fern. Die Beine des Pflanzkastens sollten zur besseren Stabilisierung Querverstrebungen besitzen.

Einmal aufgebaut, wird der kleine Garten wie ein Mini-Gemüsegarten auf dem Erdboden mit allen Gärtnerfreuden vom Wühlen in der Erde bis zur Ernte gepflegt.

Die Errichtung des Kastens erfordert Zeit und Kraft. Ein qualitativ hochwertiger Kasten überdauert aber ohne Schäden viele Jahre. Gegebenenfalls erforderliche Reparaturen sollte man immer gleich im Folgejahr machen. Wer nur geringe Kenntnisse hat, sollte, wie in diesem Beispiel, den Bauplan vereinfachen. Hier wurden die Beine weggelassen.

Umsetzung

Die Liste der benötigten Werkzeuge hängt vom ausgewählten Material ab. Damit die Konstruktion stabil wird, sollten die Beine des Pflanzkastens robust sein. Bei einer Anbaufläche von mehr als 50 cm² arbeiten Sie am besten zu zweit, da das Gewicht gefährlich werden könnte, wenn der Kasten umfällt. Damit der Ablauf dicht wird, sollte das dafür vorgesehene Loch im Durchmesser etwas kleiner als der Schlauch sein.

Material

Es gibt eine große Auswahl an Materialien, wenn Sie die Wiederverwertung miteinbeziehen. Ein Tisch, Euro-Paletten, Ordnungskisten, ein Planschbecken usw. könnten als Ausgangsmaterial dienen. In allen Fällen benötigt man ein robustes, wasserdurchlässiges Synthetikgewebe (Geotextil, Unkrautvlies), um die Dränageschicht und die Schicht für die Pflanzen zu trennen, außerdem ein Ablaufrohr von mindestens 5 cm Durchmesser.

Zusammenbau

1. Holzkasten bauen.
2. Loch in den Boden des Kastens bohren.
3. Beine und Querverstrebungen anbringen.
4. Wasserdichte Folie einlegen.
5. Das obere Ende des Ablaufrohres grob siebartig durchlöchern.
6. Rohr einsetzen.
7. Einen Sammelbehälter unter den Ablauf stellen und die Vorrichtung auf Dichtigkeit prüfen.
8. Dränageschicht 5 cm hoch einbringen.
9. Mit Geotextil-Vlies abdecken.
10. Eine 15 cm starke Schicht Kultursubstrat aufbringen.
11. Bepflanzen.

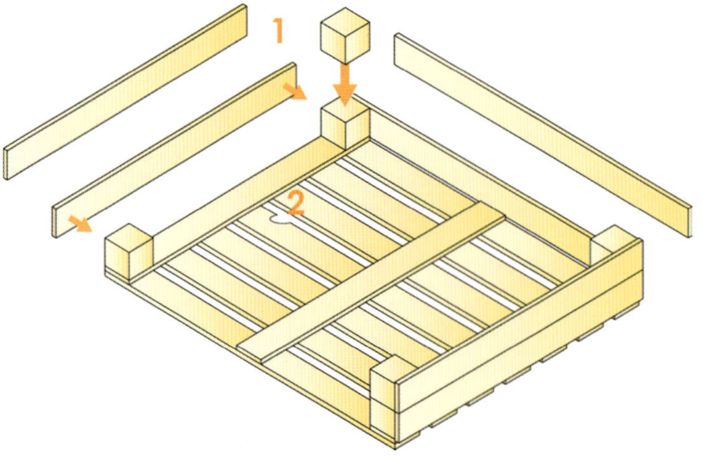

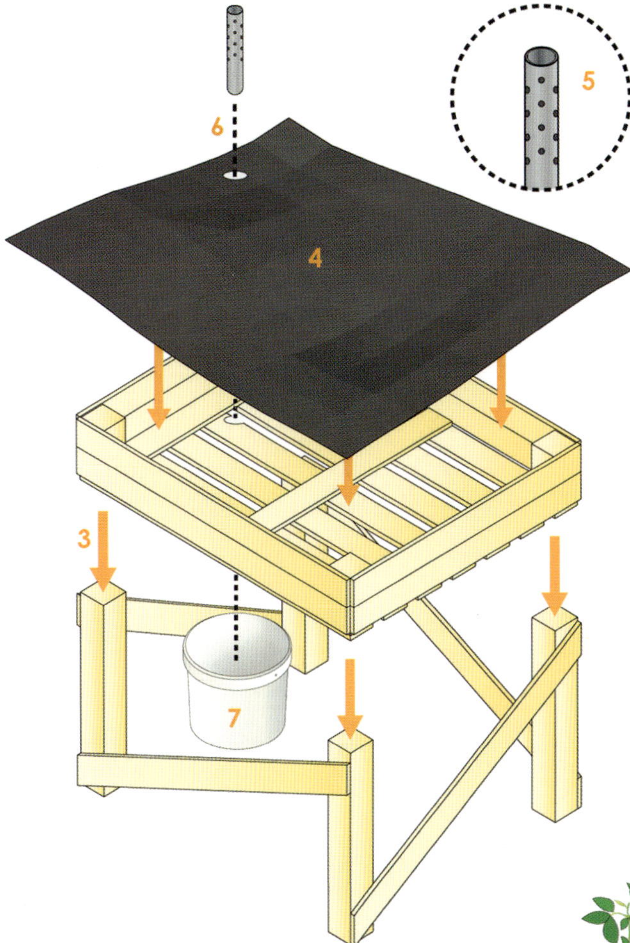
6
5
4
3
7

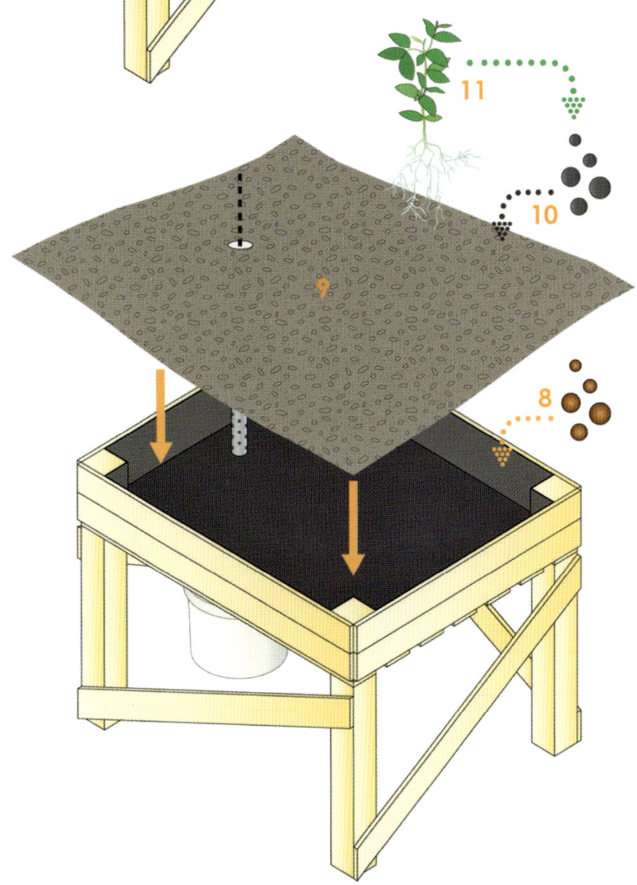
11
10
9
8

Substrat

Für die Dränageschicht wird eine Substratmischung mit Korngrößen von 0,2–1 cm verwendet. Schotter würde sich gut eignen, ist aber dreimal so schwer wie Blähton. Man mischt am besten 50 % Perlit, 30 % Blähton und 20 % Pinienrinde.
Beim Kultursubstrat gibt es unterschiedliche Möglichkeiten. Ein leichtes, in der Reaktion mit Dünger inaktives Substrat mit guten Eigenschaften der Feuchtigkeitsabgabe, wie Kokosfaser, ist sehr wirkungsvoll. Um die Feuchtigkeit besser zu halten und zugleich den Anteil an Pflanzerde zu verringern, mischt man der Erde 20 % Perlit und 20 % Vermiculit unter. Rasch austrocknende Substrate sollte man nicht verwenden, wenn man nicht automatisch bewässert.

Bepflanzung

Ist der Kasten gebaut und mit Substraten gefüllt, werden die Pflänzchen eingesetzt – ganz ohne Umgraben oder Hacken.
Stellen Sie einen Eimer unter den Ablauf und wässern Sie die ganze Fläche vorsichtig so lange, bis das Wasser in den Eimer plätschert.

Düngung

Bei Verwendung eines unfruchtbaren Substrats muss von der Aussaat bis zur Ernte gedüngt werden. In der Sommerhitze beschleunigen die hohen Temperaturen das Verdunsten des im Substrat gebundenen Wassers. Um die Pflanzen ausgewogen zu versorgen, gießt man bei jedem zweiten Gießvorgang mit reinem Wasser ohne Düngemittelzugabe.
Komposterde und Kübelpflanzenerde enthalten Nährstoffe, weshalb in den ersten 4 Wochen des Anbaus nicht gedüngt werden muss. Die Nährstoffe werden allmählich verbraucht. Gehen Sie zur Neige, düngt man bei jeder zweiten Bewässerung mit Nährlösung.

Bewässerung

Zur gründlichen Bewässerung muss so viel gegossen werden, dass die Dränageschicht gefüllt ist. Überschüssiges Wasser wird durch den Ablauf abgeleitet.
Vom Frühling bis zum Frühsommer gießt man einmal wöchentlich, danach alle drei Tage, sobald die Temperatur 25 °C überschreitet. Bei lang anhaltendem Regen wartet man mit dem Gießen, bis das Substrat bis in 3 cm Tiefe getrocknet ist.
Die Alternative ist ein automatisches Bewässerungssystem. Dazu wird eine Pumpe in einen Behälter mit Nährlösung gehängt und die Flüssigkeit über ein Netz von Auslässen direkt auf dem Substrat verteilt.

Pflege

Totes Laub auf dem Substrat sollte entfernt werden, um Krankheiten vorzubeugen. Dagegen ist eine Strohschicht auf dem Kultursubstrat sinnvoll, das es 1 bis 2 Tage die Feuchtigkeit im Boden hält. Verwenden Sie eine Gießkanne mit feiner Brause, damit die Oberfläche nicht weggespült wird.
Während großer Hitzeperioden sehen Sie am besten allabendlich nach, ob das Substrat feucht geblieben ist. Die Substrate lassen sich dreimal hintereinander nutzen. Danach werden sie etwa 6 Monate lang mit anderen organischen Stoffen kompostiert und dann wiederverwendet. Das Dränagematerial wird einige Wochen lang in der Sonne auf dem Boden ausgebreitet.

Bei einem Volumen von mehr als 50 l ist es ausgesprochen wichtig, das Gewicht des Substrats gering zu halten und für gute Kultureigenschaften, also Bindung des Wassers und Luftdurchlässigkeit, zu sorgen.

Kultur in Stapeltöpfen

Dieses Verfahren ist bei all jenen beliebt, die nicht allzu viel Zeit fürs Gießen investieren möchten. Man kann auf diese Weise Pflanzen aller Größen ziehen und hat einen ordentlichen Ertrag. In Gartenfachmärkten werden die Systeme seit mehr als 30 Jahren mit Erfolg verkauft. Manche Markenhersteller bieten sogar Produkte mit pfiffigem Design an.

Kosten: Wenige Euro für das selbst gebaute System bis zu einem Haufen Geld für die Produkte aus dem Handel. Das System ist langlebig und robust. Komplizierte Technik fehlt völlig, Ersatzteile sind kaum nötig.

Ökologie: Die einfache Technik und die Langlebigkeit der Bauteile sorgen für ökologisch günstige Eigenschaften.

Grenzen: Man kann einen Gemüsegarten ausschließlich mit diesen Stapeltöpfen betreiben. Um jedoch dann den Aufwand zu verringern, sollte man die Töpfe miteinander verbinden, damit der Vorrat an Nährflüssigkeit leicht reguliert werden kann. Eine solche Vorrichtung könnte sich als kompliziert erweisen.

Grundprinzip

Zwei Behälter werden übereinandergestapelt: Der erste, der Anbaubehälter, enthält die Pflanzen, im zweiten ist das Wasser. Ein Textilgewebe sorgt dafür, dass das Wasser aufsteigt, den Anbautopf im Bereich der Wurzeln anfeuchtet und die Pflanzen versorgt. So gelangt das mit Nährstoffen angereicherte Wasser durch den Kapillareffekt bis an die Wurzeln.

Geeignete Kulturen

Die Größe der Behälter bestimmt die Anzahl der Pflanzen, die pro Topf angebaut werden können. Um das

Stapeltopf im Querschnitt

Man befüllt den Vorratsbehälter über eine Röhre mit Wasser und Nährstoffen.

Das Substrat wird angefeuchtet, damit das Wasser durch Kapillarwirkung aus dem Vorratsbehälter aufsteigt.

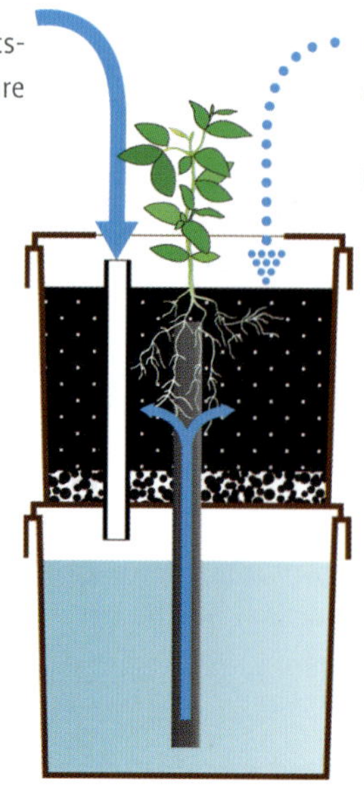

Bei Verwendung im Außenbereich sollte der Vorratsbehälter im oberen Bereich seitlich durchbohrt werden, damit das Substrat bei Regen nicht völlig gesättigt wird.

Das für die Kapillarwirkung verwendete Textilgewebe muss zu 100 % synthetisch sein. Geeignet sind alte Kleider oder textiles Verpackungsmaterial. Tauchen Sie das Gewebe in ein Glas Wasser und prüfen Sie, ob es Wasser aufnimmt.

Die ästhetische Wirkung der Anlage aus recycelten Stapeleimern hängt von der ordentlichen Ausführung ab und außerdem davon, welche Abfälle man verwendet.

Zeichnungen, die für die Verwendung von Abfällen und die Stärkung der Artenvielfalt werben, stoßen bei unterschiedlichen Zielgruppen auf ein positives Echo. Alle Teile dieses Kultursystems kann man im städtischen Umfeld überall finden.

Sie können auch mehrjährige Pflanzen, wie Erdbeeren oder Schwarze Johannisbeeren, anbauen, wenn Sie sie während des Winters frostgeschützt stellen. Um sie für das Überwintern vorzubereiten, füllen Sie einen zusätzlichen Liter in den Vorratsbehälter, dann stellen Sie die Pflanzen an den Ruheplatz.

Am Ende der Saison werden die Paprikapflanzen frostgeschützt platziert, damit sie in der kommenden Saison üppig wachsen und reichlich tragen können.

Diese junge Cranberry-Pflanze fühlt sich drinnen wohl. Vor Unwetter und Temperaturunterschieden zu Beginn der Saison geschützt, wartet sie geduldig darauf, als kräftige Pflanze in der schönen Zeit nach draußen zu ziehen.

System optimal auszunutzen, sollte man Pflanzen wählen, die in die Höhe wachsen. Tomaten, Paprika, Basilikum, Obststräucher und sogar Gurken eigenen sich gut als Kandidaten. Arten wie Salat, Sauerampfer, Erdbeeren oder Schnittlauch benötigen dagegen für einen guten Ertrag mehr Fläche. Das kann rasch kostspielig werden, auch wenn man auf Recycling-Töpfe zurückgreift. Und man hat weniger Platz übrig.

Umsetzung

Zum Aufbau dieses Systems sind keine besonderen Vorkenntnisse erforderlich. Lediglich ein Messer sollte vorhanden sein, evt. eine Bohrmaschine. Die im Handel erhältlichen Produkte sind einfach zusammenzubauen und meistens schon gebrauchsfertig.

Material

- zwei Plastikeimer mit Deckel (für das System „Marke Eigenbau“ kann man alle Arten von wasserdichten Behältern verwenden, z. B. leere gebrauchte Plastikeimer, die in der Gastronomie reichlich anfallen)
- ein Stück Schlauch oder Rohr von 16–30 mm Durchmesser
- ein Stück Textilgewebe aus Synthetikfasern

Zusammenbau

1. Zwei Löcher im Durchmesser des Schlauchs bzw. Rohrs bohren.
2. Einen Deckel ebenfalls mit Löchern dieser Größe versehen.
3. Gewebestreifen einführen.
4. Schlauch bzw. Rohr einschieben.
5. Vorratsbehälter füllen.
6. Bauteile stapeln.
7. Substrat einfüllen.
8. Pflanze einsetzen.
9. Gewebestreifen anfeuchten.

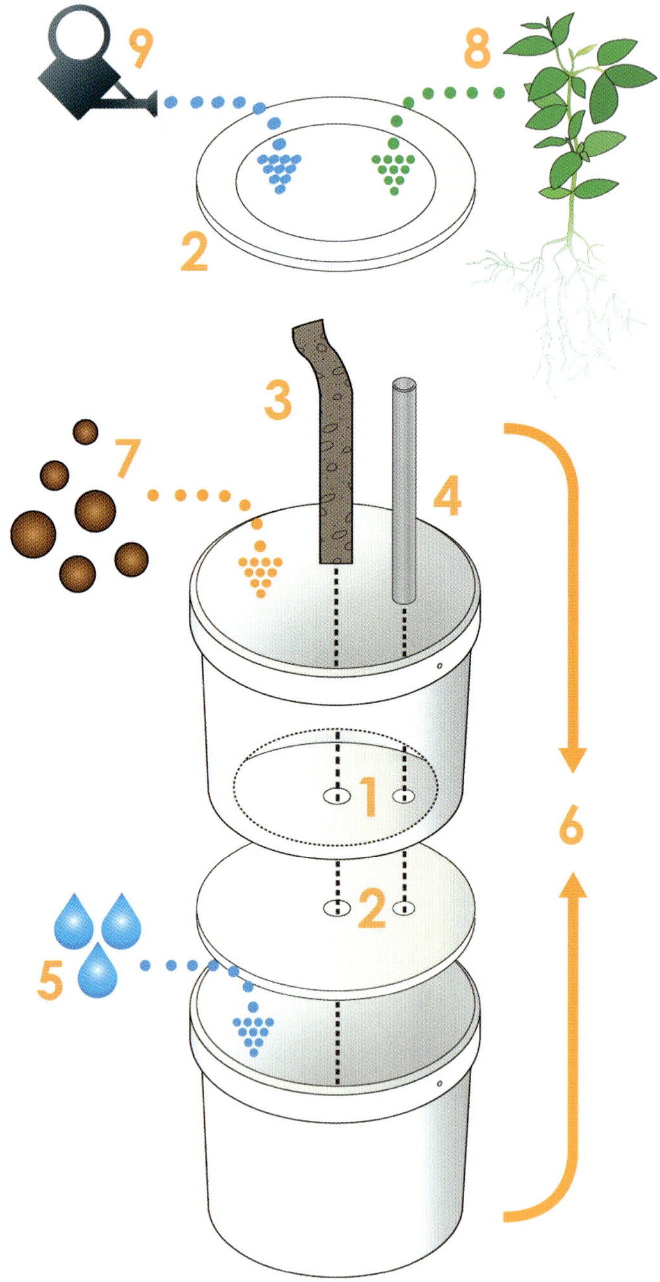

Der Eigenbau wird schöner, wenn man einen Zirkel und einen Bohrer verwendet.

Substrat

Die Saugfähigkeit des Materials entscheidet darüber, ob Wasser und Nährstoffe ausgewogen verteilt werden. Eine Mischung aus 70 % Perlit und 30 % Vermiculit funktioniert sehr gut und ist zugleich relativ leicht. Kokosfaser hat dieselben Eigenschaften. Bei Kompost- oder Kübelpflanzenerde können 20 % Perlit und 20 % Vermiculit zugefügt werden, um die Verteilung und Speicherung des Wassers zu verbessern.

Die Gewinnung des erforderlichen Materials ist nicht problematisch. Man sammelt einfach ein Jahr lang in der Umgebung die brauchbaren Abfälle. Im Frühling verwendet man sie dann auf neue Weise.

Ein Hausrezept für Kultursubstrat

Wenn Sie ein Substrat aus Materialien in Ihrer unmittelbaren Umgebung herstellen möchten, können Sie gebrauchte, aber fäkalienfreie Katzenstreu aus Perlit verwenden. Um das Substrat zu belüften und dem Verklumpen vorzubeugen, schneiden Sie gebrauchte Haushaltsschwämme in kleine Stücke. Dann sammeln Sie einige Handvoll Schotter in Kirschkerngröße. Schließlich hängen Sie, wenn Sie in einem Mehrfamilienhaus wohnen, am schwarzen Brett eine Nachricht auf, in der Sie die Nachbarn um etwas Wurmkompost bitten.

Bepflanzung

Setzen Sie die Pflanzen neben den Gewebestreifen und achten Sie darauf, dass der Streifen vertikal durch das gesamte Substrat reicht. Um die Kapillarwirkung in Gang zu setzen, wässern Sie Gewebe und Substrat an.

Bewässerung

Der Vorratsbehälter muss immer mit Wasser und Nährstoffen gefüllt sein. Es können mehrere Behälter in Reihe verbunden und dann an einen Ausgleichsbehälter mit Schwimmer angeschlossen werden, der permanent den Flüssigkeitsstand regelt.

Düngung

Es empfiehlt sich nicht, einen dickflüssigen organischen Dünger, der durch das Kapillarsystem nicht aufgesaugt werden kann, direkt in den Vorratsbehälter zu mischen. Bereiten Sie stattdessen eine Nährlösung zu, die von oben direkt an die Wurzel gegossen wird, und füllen Sie dann den Vorratsbehälter lediglich mit Wasser. Wenn das Wasser aufgebraucht ist, werden diese Schritte in gleicher Reihenfolge wiederholt.
Mineralischer Dünger ist wirkungsvoller, weil er über den Kapillareffekt gut zirkuliert.

Zum Füllen des Wasserbehälters sind ein Trichter und eine Brause mit Wasserstopp-Ventil mit Anschluss am Wasserhahn äußerst hilfreich.

Graben Sie ein Loch in der Größe des Wurzelballens in die Erde des Kübels und setzen Sie die Pflanze vorsichtig ein, ohne die Wurzeln zu quetschen.

Die aus zwei ineinandergestapelten Blumenkästen gebaute Variante: Dieses System kommt aus Kanada.

Vorsichtsmaßnahmen

Bei großer Hitze verdunstet das Wasser rasch und die Konzentration des Düngers in der Nährlösung erhöht sich. Um eine Schädigung der Wurzeln zu vermeiden, verringert man die Düngemittelmenge um die Hälfte. Der Kapillareffekt muss sich gegen die Schwerkraft behaupten: Bei mehr als 50 cm Steighöhe kann das Wasser dadurch nicht mehr angesaugt werden.

Pflege

Achten Sie täglich darauf, dass genug Wasser im Vorratsbehälter ist, damit das Substrat nicht austrocknet. Das würde die Wurzeln schädigen und die erneute Wasseraufnahme erschweren. Bei Austrocknung fluten Sie den Topf gut, um die neuerliche Wasseraufnahme des Materials zu erleichtern. Am Ende der Saison werden die Töpfe abgebaut, der Gewebestreifen ausgewaschen und das Substrat 6 Monate lang zusammen mit sich zersetzenden Pflanzenresten in einem Komposter gelagert.

Variante

Um alte Blumenkästen als Stapelsystem wiederzuverwenden, können zwei Kästen mit ausreichend Abstand für das Wasser ineinandergestellt werden. Der obere Kasten wird mittig mit einem Loch versehen und das Loch mit einem Knäuel aus Synthetikgewebe verstopft, das die beiden Kästen auf Abstand hält und zugleich das mit Nährstoffen angereicherte Wasser passieren lässt. Damit wird das Substrat befeuchtet.

Töpfe mit Tropfbewässerung

Diese Anbaupraxis eignet sich für viele Pflanzbehälter und die unterschiedlichsten Substrate, das mit Nährstoffen angereicherte Wasser, das durch Leitungen verteilt wird, garantiert eine erfolgreiche Ernte.
Die Anwendung dieser Methode im städtischen Bereich erlaubt das Recycling der Nährlösung. Im Handel finden sich viele sinnvolle Produkte für diesen Bereich, sie sollten am besten aus qualitativ hochwertigen Materialien hergestellt sein, damit sie möglichst langlebig sind.

Kosten: Der Preis für eine fertige Einheit entspricht etwa dem eines dekorativen Blumenkübels mit gleichem Volumen. „Marke Eigenbau" ist möglich und man kann damit mehr Einheiten kostengünstig beschaffen.

Ökologie: Wenn das System aus robustem Material oder mit Recycling-Teilen hergestellt wird, ist die CO_2-Bilanz erträglich. Die Pumpe verbraucht wenig Energie.

Grenzen: Großflächiger Anbau dürfte ziemlich kostspielig werden, wenn man neue Materialien einsetzt.

Grundprinzip

Das System besteht aus einem zweiteiligen Behälter: Der untere Teil ist das Wasserreservoir und der obere Teil, mit einem fein perforierten Boden, dient als Pflanzkübel. Er steckt im unteren Behälter und reicht darin bis zur halben Höhe. Die ausgesprochen effiziente Bewässerung erfolgt durch ein ausgeklügeltes System, das mit dem Reservoir verbunden ist.
Luft, die in ein doppeltes Röhrensystem gepumpt wird, bringt das Wasser an die Wurzeln. Es läuft tropfenweise durch das ganze Substrat und dann in

Wasserstand

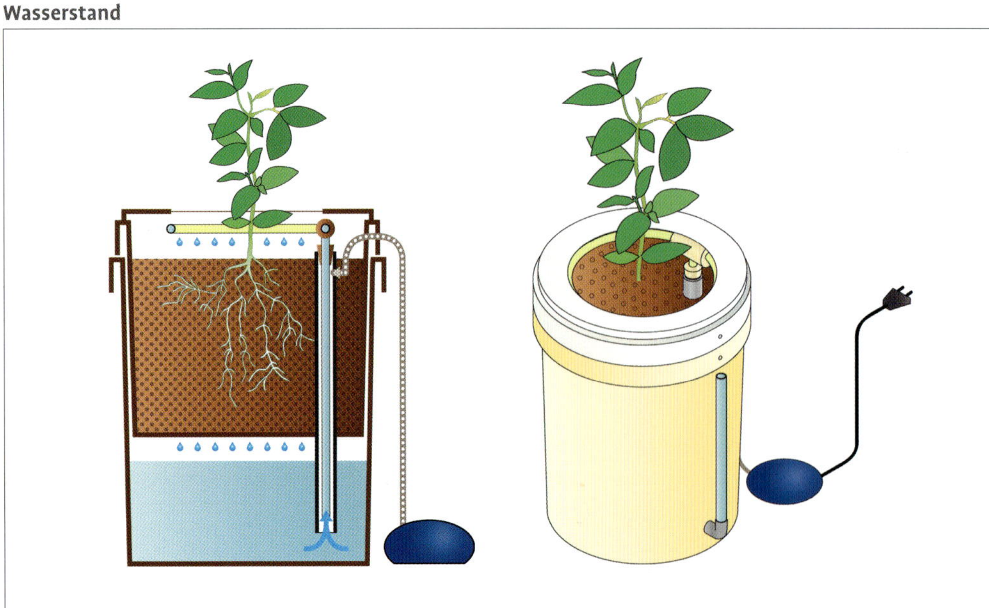

Die Nährstoffe werden über ein kleines Röhrchen, eine Kapillare, verteilt. Die Nährlösung fließt durch den Blähton und versorgt so die Wurzeln. Pflanzen wachsen dadurch ohne jeglichen Nährstoff- oder Sauerstoffmangel bis zu ihrer vollen Höhe auf.

Systeme „Marke Eigenbau“ können einfach aus gesammelten Materialien zusammengebaut werden. Diese Anlage, die mit organischem Dünger arbeitet, hat im Sammelbehälter einen Biofilter, der die Vermehrung der Mikroorganismen beschleunigt. (Umsetzung: Charles Pelissot)

den Vorratsbehälter zurück. Alternativ kann man mittels einer Wasserpumpe den Wasserkreislauf in Gang halten. Dann ist die Pflege dieses Systems aufwendiger und die Nährlösung nicht so sauerstoffhaltig.

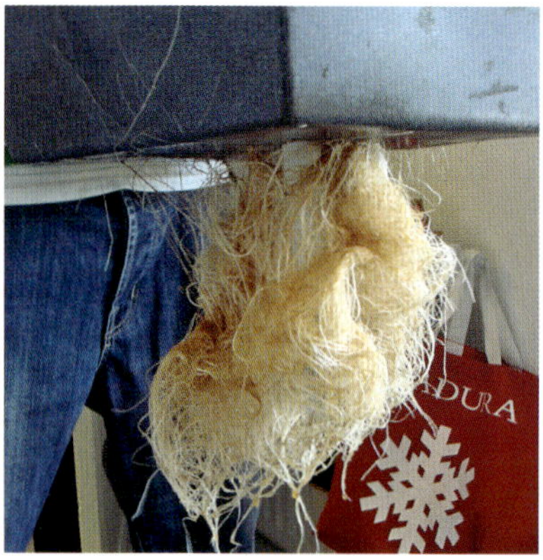

Die Wurzeln der Mehrjährigen werden während der Ruhezeit im Spätherbst und im Vorfrühling geschnitten.

Geeignete Kulturen

Mit dieser Anbauform kann man über mehrere Jahre hinweg kleines Obst kultivieren. Wer seine Sträucher wie Bonsais pflegen möchte, kann durch den Zugriff von unten auch das Wurzelwachstum kontrollieren. Während der Ruhezeit kann das System ohne Gefahr für die Pflanzen abgeschaltet werden.
Höher aufwachsende Arten, wie Tomaten oder Gurken, können sich in dieser Anbauform sehr gut entfalten. Für Einjährige (wie Salat), Kräuter, Erdbeeren und Blumen, die in großer Menge angebaut werden müssen, um überhaupt lohnenswert zu sein, gibt es bessere Pflanzsysteme.

Mit diesem Anbausystem kann man auf dem Balkon Tomaten von mehr als 500 g Gewicht kultivieren.

Diese Kiwi-Pflanze ist während der Saison 8 m gewachsen und wird im Folgejahr sicher erste Früchte tragen.

Ohne Schwierigkeiten rankte diese Kürbispflanze über vier Geschosse des Wohnhauses und trug etliche Früchte von mehreren Kilo Gewicht.

Umsetzung

Wer ein derartiges System bauen möchte, kann Bausätze des Bewässerungsmoduls erwerben. Geübtere Heimwerker können das ganze System sicherlich aus wiederverwerteten Teilen zusammensetzen.

Zusammenbau

1. Bewässerungsmodul (mit Frischluftpumpe) zusammenbauen.
2. Boden des oberen Eimers durchlöchern.
3. Deckel mit großer Öffnung versehen.
4. Untere Wand des Wasserbehälters mit einem Loch versehen.
5. Dichtung einsetzen.
6. Wasserstandsanzeiger einsetzen.
7. Mischung im Wasserbehälter ansetzen.
8. Pflanzkübel einsetzen.
9. Bewässerungsmodul einschieben.
10. Substrat einfüllen.
11. Stromversorgung anschließen und alles auf Funktion prüfen.
12. Pflanze :

Material

- zwei Behälter
- zwei Rohre unterschiedlichen Durchmessers
- ein Stück durchsichtigen Schlauch
- drei Dichtungen
- Frischluftpumpe

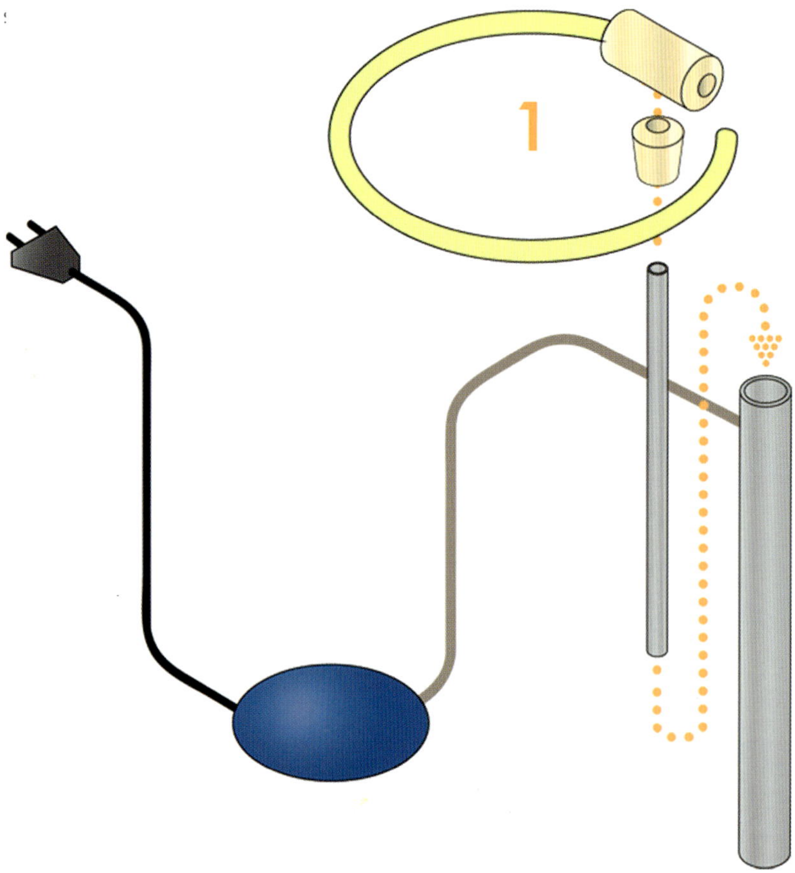

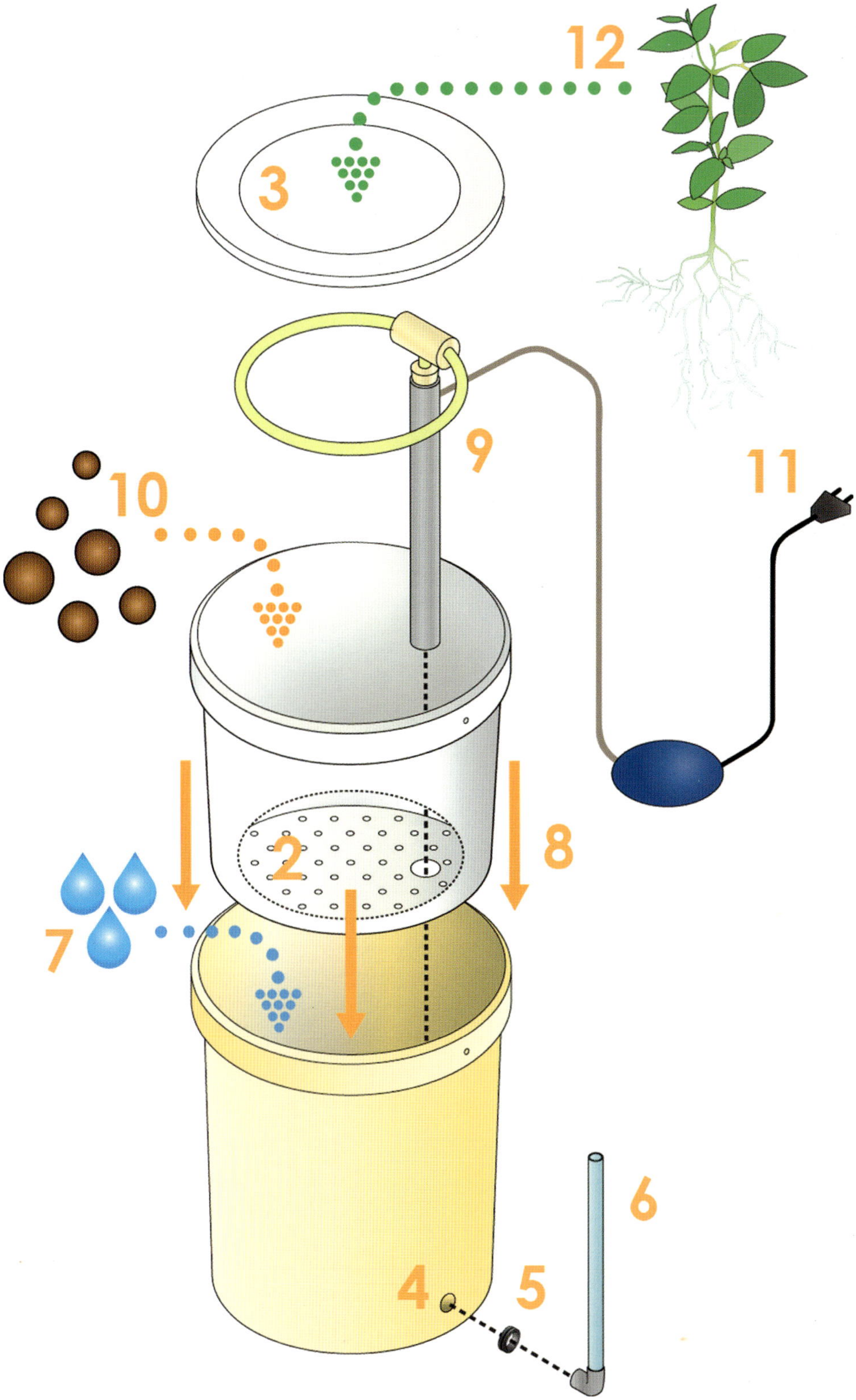
12
3
9
10
11
8
2
7
6
4
5

Substrat

Blähton und Puzzolane sind ideal als Kultursubstrat. Das gute Ablaufen der Nährlösung sorgt für die Sauerstoffversorgung des Substrats und die regelmäßigen Bewässerungszyklen halten es feucht.
Kokosfasern und Perlite sind ebenfalls geeignet. Sie speichern das Wasser, wodurch größere Zeitabstände bei der Bewässerung möglich sind.
Auch handelsübliche Kübelpflanzenerde kann verwendet werden, allerdings darf die Flüssigkeit im Vorratsbehälter nicht unmittelbar mit dem Wurzelbereich in Kontakt kommen, denn durch den Kapillareffekt käme es zu einer doppelten Bewässerung, die die Wurzeln ersticken könnte.
Es empfiehlt sich die Zugabe von 30 % Perlit zur besseren Dränage.

Ob die Pflanzen gut anwachsen, hängt von der Sorgfalt beim Umtopfen ab. Dieser Schritt ist sehr kritisch – nehmen Sie sich daher genug Zeit und suchen Sie nach Möglichkeit eine Person, die Ihnen hilft.

Damit Pflanzen von mehr als 1 m Wuchshöhe ihre Wurzeln sicher verankern können, ist ein schweres Substrat erforderlich.

Bepflanzung

Wenn das Pflanzsystem auf ordnungsgemäße Funktion geprüft, das Substrat im Pflanztopf gut durchwässert und überschüssiges Wasser abgeleitet ist, reinigt man den Vorratsbehälter von Rückständen. Nun füllt man die Nährlösung ein und stapelt die Gefäße wieder ineinander. Zum Bepflanzen entnimmt man die Hälfte des Substrats, hält die Pflanze mittig in den Behälter und verteilt das entnommene Substrat vorsichtig um die Wurzeln, ohne sie zu quetschen.

Bewässerung

Minutengenaue Zeitschaltuhren werden bei Blähton und Puzzolan auf 1-minütige Bewässerung mit viertelstündlichem Abstand eingestellt.
Bei anderen Substraten sind 5 Minuten Bewässerung im 5-Stunden-Takt vorzusehen.
Zeitschaltuhren mit viertelstündlicher Taktung werden bei Perlit, Kübelpflanzenerde und Kokosfasern auf 15 Minuten wässern täglich eingestellt, für Mineralsubstrate mittlerer Körnung sind es 15 Minuten im Abstand von 2 Stunden.
Bei großer Hitze kann man die Bewässerungsphasen gefahrlos verdoppeln.
In der Nacht zwischen 21 Uhr abends und 7 Uhr morgens wird die Bewässerung unabhängig vom Substrat völlig abgeschaltet.

Düngung

Die Düngung muss regelmäßig erfolgen und auf die einzelnen Pflanzenarten abgestimmt sein. In Phasen mit großer Hitze (über 33 °C) werden die Düngerzugaben um ein Drittel reduziert, damit sich die Nährstoffe nicht im Wurzelbereich anreichern.
Bei der Verwendung von Kübelpflanzenerde erfolgt die Düngerzugabe nicht vor der vierten Woche. Die Messung der Leitfähigkeit (EC) in der Nährlösung muss bei biologisch reaktiven Substraten unbedingt vor dem Einfüllen in das Wasserreservoir erfolgen. Sobald die Flüssigkeit einmal durch das Substrat gesickert ist, sind die Werte mit großer Wahrscheinlichkeit verfälscht.

Pflege

Kontrollieren Sie regelmäßig den Flüssigkeitsaustritt aus dem Bewässerungsring. Die Leitfähigkeit (EC)

Wenn die Berieselung im Ring zum Stillstand gekommen ist, prüfen Sie zunächst, ob etwas verstopft ist. Anschließend kontrollieren Sie, ob die abgedichteten Verbindungsstücke Luft ziehen.

messen Sie, indem Sie aus dem Kontrollröhrchen für den Wasserstand etwas Flüssigkeit entnehmen.
Damit der Topf bei Pflanzen über 2 m Wuchshöhe nicht ins Kippen kommt, kann entweder der Topf durch eine Vorrichtung am Boden oder der Stamm der Pflanze an einer gut befestigten Stütze fixiert werden.
Wenn der Winter kommt und die Blätter gefallen sind, gehen die Sträucher in Winterruhe. Dann wird die Pumpe abgestellt, die Nährlösung abgelassen und durch 1–2 l weiches Wasser im Behälter ersetzt. Bei Frostgefahr kann man den Topf mit einer Isolierung umgeben und die Pflanze einhüllen.

Vorsichtsmaßnahmen

Wenn die Dichtungen längere Zeit der Hitze ausgesetzt sind, trocknen sie aus und werden brüchig. Tritt dann Luft aus, funktioniert der Bewässerungskreislauf nicht mehr. Für diesen Fall sollte man immer Ersatzteile zur Hand haben.
Um den Pflegeaufwand gering zu halten, verbinden Sie die Töpfe in Reihe und schließen sie an ein Reservoir an. Es gibt leistungsstarke Belüftungspumpen, die gleichzeitig mehrere Berieselungssysteme versorgen. Wenn Sie sich genauer damit beschäftigen möchten, kann ein Gartenfachhändler Sie bei der Wahl eines guten Produktes beraten.

Anlagen zum städtischen Landbau

Während der letzten Jahre hat das wachsende Interesse am Gemüseanbau in der Stadt – *urban farming* – zur Suche nach ertragreichen und zugleich rentablen Lösungen geführt. Zuerst waren die Kosten bei einem Anbau ohne urbaren Boden nur schwer zu kontrollieren, besonders wenn die Kultur auf mineralisch versiegelten Flächen (z. B. Kies) erfolgen sollte. Inzwischen gibt es aber im Handel einige für diese Zwecke sehr gut geeignete Produkte. Das hier vorgestellte System wurde unter der Maßgabe entwickelt, dass die Erstellungskosten, der Zeitaufwand, Bestimmungen und Rentabilität in einem ausgeglichenen Verhältnis stehen.

Kosten: Bei Wiederverwendung von Entsorgungsgütern ist diese Technologie nicht besonders kostspielig, auch wenn der Zeitaufwand für Auf- und Umbau mit geschätzten Kosten von etwa 10 Euro pro Quadratmeter zu veranschlagen wäre.

Ökologie: Wiederverwertung von Material, das der Verbrennung zugeführt würde, lässt diesen Ansatz wegen der Nachhaltigkeit in der Rangliste nach ganz oben steigen. Die Planung der Arbeiten muss sehr früh in der Saison stattfinden und die Installation des Gartens muss vor Anlieferung der Pflanzen völlig fertiggestellt sein.

Grenzen: Ohne die Wiederverwendung von Entsorgungsgütern kommt man nicht aus, wenn die Anlage rentabel laufen soll. Die Installation eines Bewässerungssystems und die automatische Steuerung sind teuer. Sie amortisieren sich erst nach einigen Jahren.

Grundprinzip

Das System ähnelt in weiten Teilen dem Anbau in erhöhten Pflanzgefäßen. Im Unterschied dazu ist die Anlage jedoch auf dem Boden platziert. Die Pflanzen werden manuell mit der Gießkanne oder durch ein automatisiertes Bewässerungssystem in Reihe versorgt. Ein Teil des überschüssigen Wassers wird in einer Wanne als Reserve gespeichert und der Rest durch einen Überlauf in Form von 3 cm über dem Boden des Gefäßes seitlich angebrachten Löchern entsorgt. Das Wasser steigt durch Kapillarkraft auf und durchfeuchtet das Substrat. Substrat und Reservoir werden durch eine Lage Kunstfasergewebe getrennt.

Querschnitt

Der Bewässerungskreislauf bringt die Nährlösung nahe an die Pflanzen (1). Das mit Nährstoffen angereicherte Wasser sickert durch das Substrat (2) und sammelt sich in der Dränage (4). Die Textilmatte (3) hinter den seitlichen Ablauflöchern trennt die Bereiche 2 und 4 voneinander.

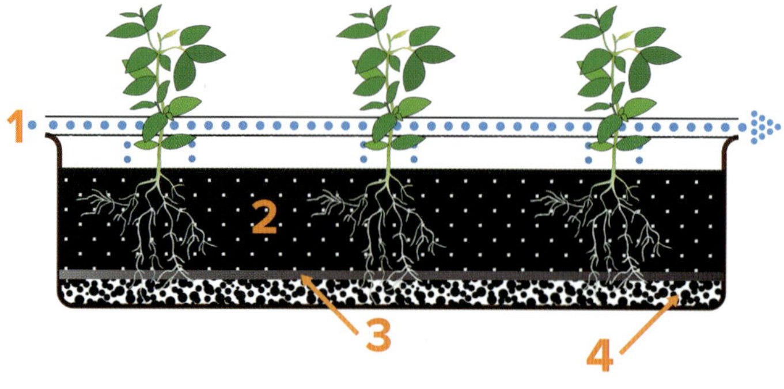

Die Anlage eines solchen Gemüsegartens bietet den Nutzern unglaubliche Perspektiven.

Der Anbau auf Dächern ist nur möglich, wenn das Dach dicht ist, eine ausreichende Tragfähigkeit gegeben ist und eine Baugenehmigung vorliegt.

Dieses kleine Basilikumfeld hat über den Zeitraum von 15 Wochen hinweg wöchentlich einen Ertrag von etwa 5 kg Frischpflanzen erbracht.

Der Paprikaertrag lag bei durchschnittlich 6 kg/m².

Die tägliche Ernte versorgte die Küchen des Restaurants, das nur 200 m entfernt vom Gemüsegarten liegt – eine tolle Erfahrung mit dem städtischen Landbau.

Geeignete Kulturen

Es ist möglich, alle Arten von Blattgemüse zu pflanzen, wenn man das Volumen der Pflanzbehälter auf das Wurzelwachstum abstimmt.
Salate, Paprika, Auberginen, Sauerampfer, Blumen, Thymian und weitere Kräuter finden ihren Platz in Schalen von 15 cm Tiefe bei 0,20 m² Fläche pro Pflanze. Zucchini, Tomaten, Gurken, Bohnen oder Kürbisse werden in Behältern von etwa 15–30 cm Tiefe gesetzt und erhalten 0,30 m² pro Pflanze. Obststräucher brauchen eine Tiefe von 30 cm und eine Fläche von 0,50 m² pro Individuum.

Substrat

Jeder Pflanzbehälter enthält eine Dränageschicht und eine Schicht zum Durchwurzeln. Die Dränageschicht sollte aus einer Substratmischung unterschiedlicher Körnigkeit bestehen, damit sie Wasser speichern und an die Wurzeln abgeben kann. Eine Zusammensetzung aus 50 % Blähton und 50 % Perlit eignet sich dafür perfekt. Damit das Wasser gut zu den

Umsetzung

Bevor man sich in die Anfertigung von Behältern stürzt, sollte man sich genug Zeit nehmen, um die benötigte Anzahl in Abhängigkeit von verfügbarer Stellfläche, Ziel und geplantem Pflanzensortiment zu überschlagen. Eine einfache Skizze hilft bei der Bestimmung der Erfordernisse und der Planung des möglicherweise nötigen Bewässerungssystems.

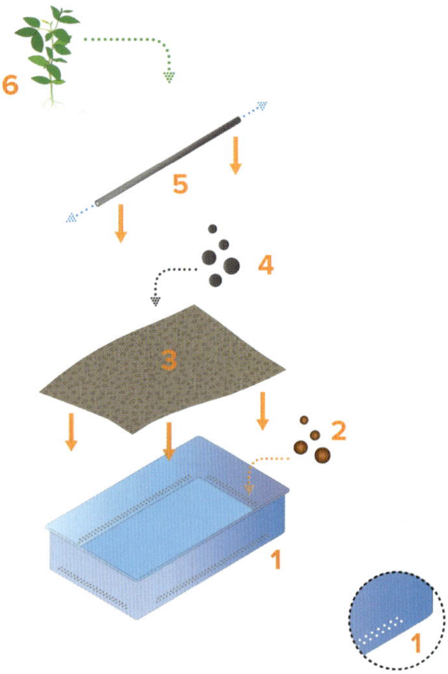

Material

Für das Trägersystem:
- Schalen und Siebe
- Kunstfasergewebe

Für die Bewässerung:
- Schlauch mit 16 mm Durchmesser
- perforierter Tropfschlauch

Für den Zusammenbau:
- Bewässerungsventile
- automatische Steuerung
- Reservebehälter für Wasser mit einem Volumen von 300 l
- Bewässerungsschlauch
- Verbindungsstücke
- Dosierstation für Dünger
- Zeitschaltuhr/Elektroventil

Zusammenbau

1. Ablauflöcher bohren.
2. Dränagematerial einfüllen.
3. Textilgewebe in Behältergröße zuschneiden und die Dränageschicht bedecken.
4. Kultursubstrat einfüllen.
5. Bewässerungsleitung installieren.
6. Pflanzen einsetzen.
7. Oberfläche wässern.

Die Bögen müssen so dimensioniert sein, dass die Gärtner bequem darunter umherlaufen können.

Die Vorbereitung jedes Pflanzgefäßes sollte akribisch erfolgen. Während der ersten Wochen wird die Bewässerung auf die Temperaturen abgestimmt. Im Allgemeinen genügt ein Bewässerungsdurchlauf alle 2 Tage.

In Regionen mit strengen Wintern lässt der Frühling oft auf sich warten. Durch eine Vorkultur im Gewächshaus können die Pflanzen vor Temperaturschwankungen geschützt gut anwurzeln.

Wurzeln hin aufsteigen kann und der Sauerstoffgehalt dennoch ausreichend bleibt, mischt man ein Substrat von 40 % Kübelpflanzenerde, 50 % Perlit und 10 % Vermiculit an. Mit Kokosfasern erzielt man dieselben guten Ergebnisse.

Bepflanzung

Hat man ausreichend Platz an einer geschützten Stelle, kann man früh im Jahr direkt in die Pflanzbehälter säen und diese mit den ersten schönen Tagen an Ort und Stelle platzieren. Andernfalls wird das gesamte System im Vorhinein aufgebaut, damit es für die Sämlinge bereit ist.

Bewässerung

Manuelles Gießen ist eine gute Lösung, wenn man genug Zeit hat. Zu Beginn der Saison genügt eine ausgiebige Bewässerung alle zwei Tage. Sobald die Temperaturen über 30 °C klettern, setzt massiv die Verdunstung ein. Dann muss täglich gewässert werden. Dazu eignet sich der frühe Vormittag am besten.
Eine automatische Bewässerung optimiert die Zeitplanung und verhindert

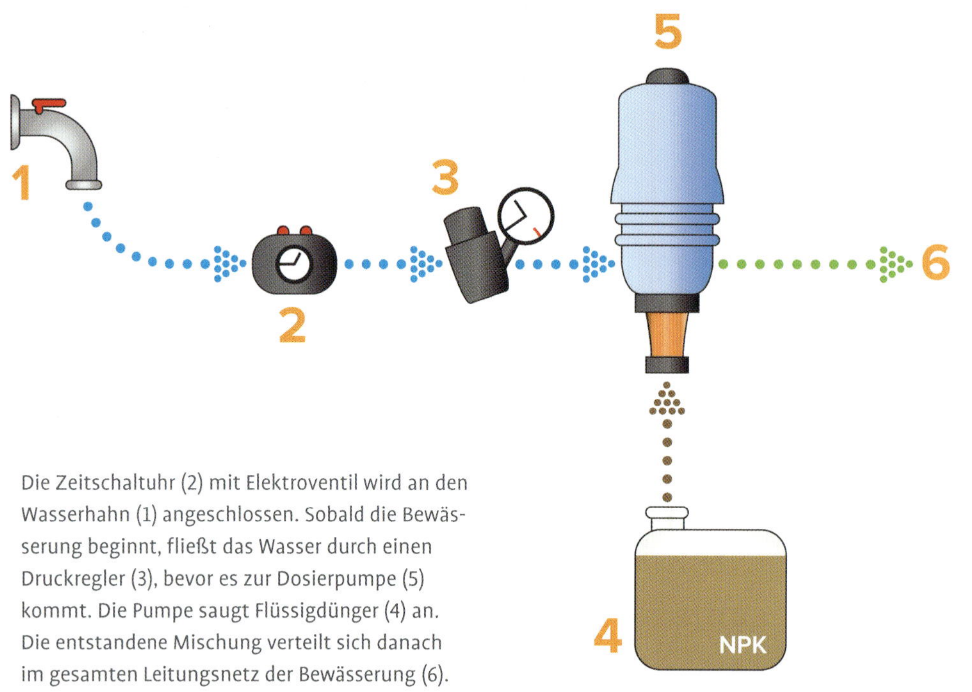

Die Zeitschaltuhr (2) mit Elektroventil wird an den Wasserhahn (1) angeschlossen. Sobald die Bewässerung beginnt, fließt das Wasser durch einen Druckregler (3), bevor es zur Dosierpumpe (5) kommt. Die Pumpe saugt Flüssigdünger (4) an. Die entstandene Mischung verteilt sich danach im gesamten Leitungsnetz der Bewässerung (6).

Zucchinipflanzen reagieren empfindlich auf Wassermangel. Auch wenn er nur kurz andauert, kann der Ertrag stark sinken.

den durch Wassermangel ausgelösten Stress der Pflanzen. Dafür wird ein Tropfsystem so installiert, dass sich das Gießwasser in jedem Gefäß verteilt. Bei der ersten Inbetriebnahme der Bewässerung misst man die Zeitspanne, bis das Kultursubstrat durchfeuchtet ist, damit man weiß, wie lange ein Bewässerungslauf dauert. Unter 25 °C Außentemperatur wässert man einmal alle 2 Tage. Ist es wärmer, empfiehlt sich das tägliche Bewässern.

Düngung

Während der ersten 4 Wochen gibt eine ausgewogen zusammengesetzte Kübelpflanzenerde genug Nährstoffe für die Jungpflanzen ab. Danach ist es jedoch nötig, bei jedem Gießvorgang die vorausberechnete Düngermenge zuzugeben.
Bei automatischer Bewässerung sind nur mineralische Flüssigdünger geeignet, da sie besser löslich und chemisch stabiler als organische Dünger sind. Letztere wimmeln vor Mikroorganismen, die die Tropfleitungen zusetzen.
Extreme Sommerhitze ist immer kritisch, weil dann die Aufnahme der

Die Verteilung des Wassers hängt vom verwendeten Material ab. Da es zahlreiche Varianten von Tropfschläuchen gibt, sollten Sie sich beim Einkauf informieren, welches Material am besten für Ihren Bedarf geeignet ist.

Mineralsalze durch die verstärkte Verdunstung des Wassers aus dem Substrat gestört wird. Um eine mögliche Toxizität zu verhindern, sollte die Düngermenge um die Hälfte reduziert werden.

Pflege

Pflege ist bei diesem System quasi überhaupt nicht erforderlich. Stecken Sie aber gelegentlich einmal einen Finger in das Substrat, um den Grad der Durchfeuchtung festzustellen. So können Sie vermeiden, dass das Substrat austrocknet oder wenig transpirierende Pflanzen staunass stehen, weil die Ablauflöcher verstopft sind. Überprüfen sollten Sie die Bewässerungssysteme allerdings regelmäßig. Kontrollieren Sie einmal monatlich den Durchfluss der Tropf-Auslässe und einmal wöchentlich wenn möglich den Filter. Überwachen Sie auch die korrekte Funktion der Zeitschaltuhr, denn Ausfälle sind durchaus möglich.

Gut zu wissen

Behälter gibt es überall, wo lebensmittelgeeignete Kunststoffbehälter verwendet werden, zum Beispiel in der Gastronomie, bei Konditoren oder Feinkosthändlern.
Je nach Zusammensetzung des Substrats variiert die Speicherung oder Verteilung des Wassers erheblich. Beobachtet man zu Beginn der Saison das Verhalten des Substrats bei Hitze und wiederholter Bewässerung, kann man die erforderliche Menge der Nährlösung und die Frequenz der Bewässerung genauer bestimmen.

Variante: Gemüsegarten im Pflanzsack

Es gibt noch mehr Möglichkeiten einen Gemüsegarten ohne Boden zu betreiben. Beispielsweise sind vorgefertigte Säcke aus Gewebe im Handel erhältlich. Sie sind hübsch und vor allem für diejenigen interessant, die keine Zeit zum Aufbauen einer komplizierteren Anlage für den städtischen Gemüseanbau haben.

Kosten: Bei der hobbymäßigen Nutzung eines Einzelnen oder einer Gruppe sind die Pflanzsäcke relativ günstig. Bei erwerbsmäßigem Anbau von Gemüse wirken sich die Kosten für den Materialkauf ungünstig auf die Rentabilität aus.

Ökologie: Mit der Lebensdauer der Behälter kann man zufrieden sein, das robuste Gewebe erlaubt ohne besondere Pflege mehrfache Ernte.

Grenzen: Die Gewebesäcke sind wasserdurchlässig, was den Wasserbedarf erhöht. Das Wasser fließt durch Schwerkraft und Kapillarwirkung vorzeitig ab. Aus diesem Grund sind Substrate, die das Wasser nicht speichern können, ungeeignet. Bei der Konzeption eines solchen Gemüsegartens ist daran zu denken, dass Mengen von Substrat transportiert werden müssen. Je nach Fläche kann diese Tätigkeit äußerst beschwerlich werden.

Vorteil

Die Verwendung von Textilgeweben verringert das Risiko, dass die Wurzeln ersticken, weil das Wasser leichter abfließt. Der Garten ist schnell hergerichtet, weil die Behälter vor dem Bepflanzen nur auseinandergefaltet und mit Substrat gefüllt werden müssen. Je nach Anzahl der Pflanzsäcke kann auch ein Bewässerungssystem installiert werden, um die Pflege des Gemüsegartens zu erleichtern.

Herstellung

Wer gerne schneidert, kann die Säcke auch aus Unkrautvlies mit einer dicken Nadel und Nylongarn selbst nähen.

Jeder Pflanzsack kann schön gestaltet werden. Durch das Einsetzen einer überhängenden, einer aufrechten und einer kletternden Art entstehen drei Etagen Grün.

Auf diese Weise erschafft man wunderschöne städtische Gärten.

Die Ausgestaltung öffentlicher Flächen unterliegt rechtlichen Vorschriften. Daher ist eine Genehmigung der Stadtverwaltung erforderlich.

Ökonomisch und oft sogar entspannend ist die Bewässerung von Hand. Dabei kann man das Wachstum der Pflanzen kontrollieren und möglichen Schädlingsbefall entdecken.

Besonderheiten

Wichtigste Eigenschaft des gewählten Substrats ist seine gute Speicherfähigkeit. Eine Mischung aus 90 % Kübelpflanzenerde und 10 % Vermiculit garantiert eine ausreichende Speicherung.

Geeignete Kulturen

Die meisten Gemüsesorten können auf diese Art angebaut werden, wobei die erforderliche Substratmenge von der Größe der Pflanzen abhängt. Für Salat und Kräuter benötigt man eine Mindesthöhe von 30 cm und ein Volumen von 20–30 l Substrat. Ein Tomatenstock oder ein kleines Obstgehölz braucht 50 l und eine Tiefe von 40–50 cm. Mit gleichem Volumen kann man auch Wurzelgemüse wie Kartoffeln oder Möhren anbauen.

Bewässerung

Gießen von Hand ist zwar ökonomisch, aber bei mehr als 100 m² Fläche empfiehlt sich eine Berieselungsanlage.

Um die Struktur des Gartens zu erhalten, sollte man die Pflanzen regelmäßig zurückschneiden. Wenn zu viel gewässert wird, können die Nährstoffe aus dem Substrat ausgeschwemmt werden. Daher sollte das Substrat nicht zu stark gegossen werden.

Zum Aufbau des Gemüsegartens sind keine besonderen Werkzeuge erforderlich. Beim Einpflanzen empfiehlt es sich jedoch, Gartenhandschuhe zu tragen, um die Hände vor Bodenbakterien zu schützen.

Düngung

Bei einem nährstoffreichen Substrat wird in kleinen Mengen gedüngt. Man beginnt wenige Wochen vor der Blüte mit der Düngerzugabe wie in der Dosierungstabelle für fruchtbares Substrat vorgesehen.

Pflege

Ein Gemüsegarten in Pflanzsäcken muss den Gärtner regelmäßig zu Gesicht bekommen, denn Pflanzen müssen geschnitten und gestützt werden. Wie bei den meisten in diesem Buch beschriebenen Verfahren sind auch hier eine angemessene Düngung und genaue Kontrolle des Aussehens der Pflanzen für ein problemloses Gedeihen bis zur Ernte unabdingbar.

Die besten Pflanzen

Alle Pflanzen können ohne Boden kultiviert werden. Da in einem bodenfreien Gemüsegarten aber meist sowohl Fläche als auch Erdboden fehlen, verwendet man hier vorrangig Pflanzen mit schnellem Wachstum, deren Ertrag oberirdisch steht. Aus denselben Gründen wird für die meisten Wurzelgemüse und alle langsam wachsenden, weniger ertragreichen oder komplizierten Arten (wie Knoblauch, Zwiebeln, Lauch, Artischocken usw.) der Erdboden vorgesehen. Ist der Platz jedoch nicht begrenzt, kann man die unterschiedlichsten Gemüsearten mit gutem Ergebnis anbauen. Auch seltene Pflanzen oder exotische Arten mit aromatischen oder medizinischen Eigenschaften haben ihren Platz im bodenfreien Garten. Gut sortierte Internetseiten bieten empfehlenswertes Saatgut und Pflanzen. Für die einzelnen Kulturen folgt auf den nächsten Seiten eine Einführung in diese Technik mit Vorschlägen zur praktischen Umsetzung.

Bedeutung der Symbole:

Wind

Sonne

Vermehrung

Gießen

Basilikum ist eine ertragreiche Pflanze. Übersteigt die Erntemenge den Bedarf, kann man ihn entweder in Öl konservieren oder trocknen und so das ganze Jahr über nutzen.

Basilikum *Ocimum basilicum*

Basilikum ist das Königskraut des Sommers, denn seine duftenden Blätter passen gut zu vielen Rezepten. Er wird hauptsächlich frisch verzehrt. Sehr schöne und ergiebige Stauden zu ziehen, ist kinderleicht.

Anbauvoraussetzungen

Basilikum benötigt ein leichtes und wasserdurchlässiges Substrat, um das ganze Wasser und die für ein kräftiges Wachstum erforderlichen Nährstoffe aufnehmen zu können. Wird er im Innenbereich kultiviert, muss eine gute Durchlüftung gewährleistet sein, damit die Pflanze kräftig und widerstandsfähig gegen Schädlingsbefall bleibt. Im Außenbereich gefällt es ihm mit oder ohne Sonne, vorausgesetzt die Helligkeit ist ausreichend. Basilikum ist kälteempfindlich, von der Aussaat bis zur Ernte benötigt er zum Gedeihen eine Mindesttemperatur von 20 °C. Sobald sich Blüten zeigen, muss man sie abkneifen, um das Wachstum und die Produktion von Blättern anzuregen.

Düngung: Ernährung Typ „Blätter" (siehe S. 35)

unempfindlich | volle Sonne

Aussaat, Setzlinge | mäßig

Pflanzzeiten

- Aussaat: April (Temperatur zum Keimen: 18 °C)
- Pflanzen: Mitte Mai
- Ernte: von Juni bis Oktober

Besonderheiten

Für ein kontinuierliches Wachstum und eine kräftige Pflanze darf Basilikum nie zu wenig Wasser haben. Ohne Substrat erreicht die Pflanze schnell 60–80 cm Höhe.

Den besten Schnittlauch erntet man früh morgens, solange es bei sommerlichen Temperaturen noch kühl ist. Idealerweise ist er dann innerhalb eines Tages zu verbrauchen, damit Struktur und Aromen erhalten bleiben.

Schnittlauch *Allium schoenoprasum*

Schnittlauch ist eine mehrjährige, wenig anspruchsvolle Gewürzpflanze, die häufig einen hohen Ertrag bringt. Auf einem Balkon oder einem Fensterbrett kann man sie mehrere Jahre lang halten, vorausgesetzt sie steht im Winter frostgeschützt.

Anbauvoraussetzungen

Ein wasserdurchlässiges Substrat genügt für ein gutes Wachstum. Im Mai werden die Blütenstände regelmäßig abgeschnitten, um die Bildung von Samen zu verhindern. Ein paar bleiben jedoch stehen, um eine spontane Aussaat zu begünstigen.
Düngung: Ernährung Typ „Blätter“ (siehe S. 35)

Pflanzzeit

- Aussaat: März–April
- Pflanzen: Mai
- Ernte: Mai bis Oktober

unempfindlich | volle Sonne und Halbschatten
Teilen, Aussaat | mäßig

Besonderheiten

Möchte man Schnittlauch mehrjähig ziehen, ist eine Kultivierung mit Substrat zu empfehlen. Glücklicherweise wirkt Schnittlauch auf viele Schädlinge abschreckend, zudem ist er widerstandsfähig gegen Befall durch die meisten Mikroorganismen.

Die Teilung im März-April ist die am weitesten verbreitete Methode zur Vermehrung von Schnittlauch.

Es gibt zahlreiche Sorten von Minze. Sie ist leicht zu kultivieren und zu vermehren.

Minze *Mentha piperita*

Die Minze ist eine kräftige und produktive Pflanze. Es ist ein wahres Vergnügen, sie frisch zu verwenden: Pflücken Sie einfach ein paar Zweige – sie wachsen schnell nach. Dekorativ, duftend und köstlich sind sie, es gibt sogar zahlreiche Varianten mit unterschiedlichen Düften. Diese Pflanze eignet sich ideal, um sich mit dem Anbau ohne Substrat vertraut zu machen. Aber Vorsicht, die Minze kann sich sehr stark ausbreiten.

Anbauvoraussetzungen

Minze braucht ein wasserdurchlässiges Substrat und reichlich Nahrung für ein gleichmäßiges Wachstum. Sie toleriert Ernährungsfehler und kann auch mehrere Wochen ohne Dünger auskommen. Zum Ernten die Zweige dicht über einem Knoten abschneiden, damit sich die Pflanze verzweigen und neue Blätter bilden kann. Am Ende des Herbstes die Staude bodennah abschneiden, dann kann sie im Frühjahr wieder kräftig nachwachsen.
Düngung: Ernährung Typ „Blätter“ (siehe S. 35)

unempfindlich **volle Sonne, Halbschatten**
Setzlinge, Teilen, Aussaat **beträchtlich**

Pflanzzeiten

- Aussaat: das ganze Jahr über, mindestens 20 °C
- Pflanzen: ab Mai im Freien
- Ernte: Mai bis Oktober

Besonderheiten

Wenn Minze regengeschützt gepflanzt wird, muss ein- oder zweimal monatlich Wasser auf die Blätter gesprüht werden, um sie zu reinigen und Schädlingsbefall vorzubeugen.
Die Minze ist zwar sehr widerstandsfähig gegen Schädlinge, aber bei Milben und Blattläusen beliebt.

Um das Wachsen junger Triebe zu fördern, müssen die Stängel regelmäßig geerntet werden.

Obwohl sie sehr zart wirken, gedeihen die jungen Pflanzen meist sehr gut.

Petersilie *Petroselinum sativum*

Diese zweijährige Kräuterpflanze wird verwendet, um Gerichte zu dekorieren und zu aromatisieren. Die Petersilie enthält viele Vitamine und Mineralstoffe, die wichtig für die gute Funktion unseres Körpers sind. Sie wird hauptsächlich frisch gegessen, denn durch Pflücken kurz vor dem Verzehr bleiben die Geschmacksstoffe gut erhalten.

Anbauvoraussetzungen

In puncto Düngung ist die Pflanze wenig anspruchsvoll, bei zu reichlichem Nährstoffangebot wird sie jedoch anfällig für Blattlausbefall. Durch regelmäßiges Gießen, vor allem bei flachen Töpfen, erhält man schöne Sträuße während der gesamten Saison.
Düngung: Ernährung Typ „Blätter" (siehe S. 35)

unempfindlich **volle Sonne und Halbschatten**
Aussaat **mäßig**

Pflanzzeiten

- Aussaat: März, mindestens 20 °C
- Pflanzen: Mai
- Ernte: das ganze Jahr

Besonderheiten

Im Winter braucht sie Schutz vor Frösten, damit sie weiterhin wachsen kann. Temperaturschwankungen tragen aber zur guten Entwicklung bei. Möglichst im Haus an einen nicht beheizten Ort stellen.
Die Petersilie ist nicht besonders anfällig für Krankheiten oder Schädlinge. Bei Überdachung und ohne reinigenden Regen für die Blätter kommt es vor, dass sich Blattläuse auf dem jungen Laub ansiedeln.

Beim Anbau außerhalb des Bodens muss Rosmarin mehrmals während des Wachstums umgetopft werden. Will man ihn viele Jahre erhalten, ist nach drei Jahren Wachstum ein Gefäß von mindestens 50 l Volumen nötig.

Rosmarin *Rosmarinus officinalis*

Rosmarin ist eine mehrjährige immergrüne Pflanze. Sein Duft zieht Bestäuber an und verleiht dem Balkon einen Hauch von Provence. Zur Anregung des Wachstums kürzen Sie nach dem Blühen und zum Herbstanfang die Enden der Zweige ein.

Anbauvoraussetzungen

Diese Pflanze ist zwar einfach anzubauen, aber sie benötigt ein sehr wasserdurchlässiges Substrat, damit sie die reichliche Bewässerung verträgt. Sie kann viele Jahre leben und sollte daher genügend Platz bekommen, um sich ausbreiten zu können.

Düngung: Ernährung Typ „Blätter“ (siehe S. 35)

Pflanzzeiten

- Aussaat: Februar–März, mindestens 20 °C
- Pflanzen: Mai
- Ernte: das ganze Jahr

unempfindlich | volle Sonne oder sehr viel Licht

Aussaat, Ableger, Setzlinge | mäßig

Besonderheiten

Es heißt, Rosmarin verträgt die Trockenheit gut. Eine ausgewachsene, in Erde gesetzte Pflanze senkt ihre Wurzeln so tief in den Untergrund, dass sie genügend Wasser erreichen kann. Im Topf muss sie aber unbedingt regelmäßig gegossen werden.

Von Oktober bis April darf Rosmarin nicht mehr gedüngt werden.

Wie alle mehrjährigen Pflanzen ist er wegen der Überwinterung eher für eine Kultivierung in Substrat geeignet.

Der Duft des Salbeis regt die Fantasie des Chefkochs an, der mir eine Stunde später diese Salbeiblätter im Teigmantel serviert.

Ohne Substrat kultivierter Salbei bildet zarte Triebe,

Salbei *Salvia officinalis*

Seine aromatischen Blätter enthalten Antioxidanzien, die günstig für unseren Organismus sind. Salbei ist eine mehrjährige und sehr ertragreiche Pflanze mit immergrünen, sehr dekorativen Blättern. Eine Pflanze genügt, um Sie selbst und die ganze Nachbarschaft zu versorgen.

Anbauvoraussetzungen

Salbei ist eigentlich eine Gartenpflanze. Man kann sie zwar auch im Zimmer oder wettergeschützt kultivieren, sie wird dann aber schnell schwächlich und ist empfindlich gegen Schädlinge. Wenig anspruchsvoll in der Düngung, mag sie es gerne, wenn ein Teil des Substrats zwischen zwei Gießvorgängen trocknen kann. Düngung: Ernährung Typ „Blätter“ (siehe S. 35)

Pflanzzeiten

- Aussaat: Februar–März, mindestens 20 °C
- Pflanzen: Mai
- Ernte: Mai bis Oktober

geschützt **volle Sonne, Halbschatten**
mäßig **Aussaat, Setzlinge**

Besonderheiten

Bei Kulturen ohne Substrat zieht man Salbei vorzugsweise wie eine einjährige Pflanze (von Mai bis Oktober) aus Setzlingen. Im Topf kann er aber viele Jahre überdauern, wenn man ihn Regen und Temperaturschwankungen aussetzt. Salbei kann unter Pilzbefall leiden. Um die Ausbreitung dieser Mikroorganismen einzudämmen, müssen befallene Pflanzen entfernt und verbrannt werden. Auch ist er anfällig für gewisse Schadinsekten, wie Zikaden. Die Blätter werden dann gelb und bekommen kleine weiße Flecken.

Eine klimatische Abhärtung macht die Pflanze weniger anfällig.

Der starke Geruch des Salbeis hält etliche Schadinsekten fern.

Thymian *Thymus vulgaris*

Eine der am meisten verbreiteten Kräuterpflanzen ist der Thymian, ein kleiner Busch, der einen kräftigen Duft verströmt. Er wird vielfach in der Küche verwendet, ist aber auch durch seine medizinischen Eigenschaften bekannt. Im Topf gehalten, kann man ihn frisch oder in Sträußen getrocknet das ganze Jahr über verwenden.

Anbauvoraussetzungen

Thymian ist einfach anzubauen und lässt sich viele Jahre lang halten, sofern er in der Sonne stehen darf. Die mehrjährige immergrüne Pflanze verträgt häufiges Gießen, wenn sie in einem wasserdurchlässigen Substrat kultiviert wird. In kurzer Zeit bedeckt ein Exemplar die gesamte verfügbare Fläche.
Düngung: Ernährung Typ „Blätter“ (siehe S. 35)

Pflanzzeit

- Aussaat: im März, mindestens 20 °C
- Pflanzen: Mai
- Ernte: Mai bis November

Besonderheiten

Es bringt keine Vorteile, den Thymian ohne Substrat zu kultivieren. Denn unter diesen Bedingungen verholzt er weniger, die Zweige bleiben weich und sind weniger widerstandsfähig. Aus demselben Grund lässt man das Substrat zwischen zwei Gießvorgängen leicht trocknen. Thymian wird nur sehr selten von Krankheiten und Schadinsekten befallen.

unempfindlich **volle Sonne oder sehr viel Licht** **Aussaat (März), Teilen (März-April), Ableger, Setzlinge (Juli)** **mäßig**

Nach einigen Wochen bedeckt der Thymian die gesamte Anbaufläche.

Wenn sie so groß sind wie ein Golden Delicious, werden die runden Auberginen geerntet, denn später sind Konsistenz und Geschmack weniger interessant für die Küche.

Auberginenpflanzen können mit oder ohne Substrat kultiviert werden. Sie sehen originell aus und sind sehr ertragreich.

Runde violette Aubergine *Solanum melongena*

Mit ein wenig Pflege erbringt eine Auberginenpflanze reichliche Ernte. Es gibt viele Sorten, die man hervorragend zu einem herrlichen Augen- und Gaumenschmaus zusammenstellen kann. Außerdem verträgt sie sich gut mit den meisten anderen Pflanzen in der Umgebung.

Anbaubedingungen

Wachstum und Blüte dauern an bis in den Oktober. Auberginen dürfen nie zu wenig Wasser, Nährstoffe und vor allem Wärme haben. Wachstum und Fruchtbildung sind optimal zwischen 25 und 30 °C. Unter 25 °C lässt das Wachstum stark nach.
Düngung: Ernährung Typ „Gemüse" (siehe S. 35)

unempfindlich – volle Sonne
Aussaat – mäßig

Pflanzzeiten

- Aussaat: Februar–März, mindestens 25 °C
- Pflanzen: Mitte Mai
- Ernte: von Juli bis Oktober

Besonderheiten

Damit die Pflanze unter dem Gewicht der Früchte nicht abknickt, sollte sie gestützt werden. Für reichlichen Ertrag täglich gießen, wenn die Temperaturen 25 °C überschreiten.
Schildläuse können großen Schaden an Jungpflanzen anrichten, sie legen ihre Larven unter die Blätter und verringern erheblich die Erntemengen. Eine Feuchtigkeit von über 80 % erhöht das Risiko von Pilzbefall.

Weißkohl wird im Sommer häufig vom Kohlweißling befallen, was aber aufhört, sobald die Temperaturen sinken. Im Winter angebauter Rotkohl hat diese Schädlinge nicht und der Garten ist zudem voll ausgenutzt.

Rotkohl *Brassica oleracea*

Der Anbau von Rotkohl ist einfach, ergiebig und dekorativ. Man kann ihn im Winter pflanzen und im Frühjahr ernten, wenn die anderen Pflanzen im Gemüsegarten noch auf mildere Temperaturen warten.

Anbaubedingungen

Wasser, ein gut durchlässiges Substrat und Sonne sind nötig, um diese Pflanze mit hohem Bedarf an organischen Stoffen zu ernähren. Sie mag mildes und feuchtes Klima und verträgt Temperaturschwankungen gut. Zwischen den einzelnen Pflanzen sollte etwa 30 cm Platz gelassen werden. Sie können auch in Töpfen mit einer Substratstärke von mindestens 10–15 cm gepflanzt werden. Erntereif ist der Rotkohl 4 bis 9 Monate nach der Aussaat.
Düngung: Ernährung Typ „Gemüse“ (siehe S. 35)

unempfindlich · volle Sonne
Aussaat · reichlich

Pflanzzeiten

- Aussaat: Februar–März, mindestens 5 °C
- Pflanzen: April
- Ernte: ab August

Besonderheiten

Es bringt keine Vorteile, den Rotkohl ohne Substrat zu kultivieren, denn das Gewicht der Köpfe kann die Pflanze aus dem Gleichgewicht bringen und die Wurzeln abreißen.
Wird er mit geringer Substratstärke angebaut, gerät der Rotkohl leicht unter Stress durch Wassermangel. Das Substrat muss daher ständig feucht gehalten werden.
Der häufigste Schädling, der Kohlweißling, kann beträchtlichen Schaden anrichten. Durch Aufsprühen von Mineralschwefel lässt sich das Ausmaß begrenzen.

Diese Pflanzen müssen sich festhalten können. Installieren Sie daher Drähte oder Stützen.

Mehltau ist ein verbreiteter Pilz. Um einen Befall einzugrenzen, muss Stress durch Wassermangel vermieden werden.

Salat- und Gewürzgurken *Cucumis sativus*

Knackig, erfrischend, ergiebig und dekorativ, sind Salatgurke und Gewürzgurke im *Hors-Sol*-Garten unabdingbar. Gibt man ihnen Platz zum Klettern, so erhält man reiche Ernte.

Anbaubedingungen

Die Pflanzen wachsen schnell und produzieren viele Früchte. Um ihre Entwicklung anzuregen, reicht es aus, sie regelmäßig zu ernten. Sobald eine Salatgurke gelb wird, ist sie überreif und verliert an Geschmack. Gewürzgurken-Pflanzen haben ähnliche Eigenschaften wie Salatgurken und werden auch genauso kultiviert.

Beide Sorten vertragen keinen Wasser-, Dünger- oder Platzmangel.

Pro Pflanze kann man bei der Salatgurke mit ungefähr 20 Stück und bei der Gewürzgurke mit etwa 800 g rechnen.

geschützt **volle Sonne**

Aussaat **reichlich**

Düngung: Ernährung Typ „Gemüse" (siehe S. 35)

Pflanzzeiten

- Aussaat: von Mai bis Juni, mindestens 20 °C
- Pflanzen: Mai bis Juni
- Ernte: von Juni bis Oktober

Besonderheiten

Kulturen ohne Substrat oder auf mineralischem Träger haben den Vorteil, dass Ertragsverluste durch Pilzbefall stark reduziert werden können. Salatgurken und Gewürzgurken sind sehr anfällig für Mehltau, Blasenfuß, Schildläuse und Gurkenkäfer.

Mehltau breitet sich schnell aus. Schneiden Sie befallene Blätter ab und behandeln Sie die Pflanze mit Mineralschwefel.

Die Blattstiele brechen relativ leicht ab. Wenn ein Blattstiel geknickt ist, muss er an der Basis abgeschnitten werden.

Die gelben Zucchini sind absolut köstlich, wenn sie gerade mal 15 cm messen.

Zucchini *Cucurbita pepo*

Sie ist dekorativ und großzügig, braucht aber einen Platz an der Sonne. Die Blüten genießt man frittiert im Teigmantel, und das Fruchtfleisch ist sehr schmackhaft. Ihre großen Blätter mit den Silbersprenkeln sind ausgesprochen kräftig. Durch das schnelle Wachstum der Pflanze wird der Gärtner mit einem hohen Ertrag belohnt. Wenige Pflanzen genügen, um während der gesamten Saison den Bedarf der ganzen Familie an frischem Gemüse zu decken.

Anbaubedingungen

Mit und ohne Substrat ist dies eine ertragreiche Pflanze, die regelmäßig Wasser- und Düngerzugabe benötigt. Da sie anfällig gegen Mehltau ist, darf man nie Leitungswasser auf die Blätter sprühen. Man sollte eine Fläche von 1 m Durchmesser vorsehen, damit sie sich ausbreiten kann. Düngung: Ernährung Typ „Gemüse“ (siehe S. 35)

Pflanzzeiten

- Aussaat: April bis Mai, mindestens 20 °C
- Pflanzen: Mitte Mai
- Ernte: Juni bis Oktober

geschützt · volle Sonne
Aussaat · reichlich

Besonderheiten

Im Topf kultivierte Zucchini mögen es nicht, wenn sie umgepflanzt werden. Das Wachstum der Früchte wird dann für ein paar Tage eingestellt.
In Substrat kultiviert, muss der Behälter mindestens 30 cm tief sein, damit Blätter und Früchte kontinuierlich wachsen können. Bei geringer Substratstärke muss man sie im Sommer täglich zweimal gießen.
Zucchini sind zwar empfindlich gegen Mehltau, aber nicht gegen andere Schädlinge – mit Ausnahme von Schildläusen.

Zu Herbstbeginn verschwindet das Blattwerk nach und nach und gibt die wie Wassertropfen prachtvoll herunterhängenden Flaschenkürbisse frei.

Solange die Wurzeln genug Wasser bekommen, gefällt ihnen eine mineralische Umgebung durchaus.

Kürbis *Cucurbita pepo*

Kürbisse sind ergiebige Pflanzen mit starkem Wachstum. Ihre Entwicklung muss man im Voraus abschätzen, da die Triebe sich über viele Meter erstrecken können. Die Früchte können Rekordgewicht erreichen und bereiten viel Freude. Es gibt viele verschiedene Sorten, wovon einige für originelle Schattenkreationen verwendet werden können.

Anbaubedingungen

Die Pflanze nutzt Rankhilfen, um sich festzuklammern und zu klettern. Bieten Sie ihr daher einen soliden Draht oder ein etwas dickeres Seil. Sie streckt sich immer in Richtung Sonne. Mit ihrem hohen Bedarf an Wasser verträgt sie auch höhere Nährstoffkonzentrationen. Kulturen ohne Substrat eigenen sich perfekt für sie. Düngung: Ernährung Typ „Gemüse" (siehe S. 35)

wenig empfindlich — Sonne und Halbschatten

Aussaat — reichlich

Pflanzzeiten

- Aussaat: April bis Juni
- Pflanzen: Mitte Mai
- Ernte: Juli bis November

Besonderheiten

Wird der Kürbis auf einem Balkon oder einer Terrasse in einiger Höhe angepflanzt, ist darauf zu achten, dass die Früchte nicht zu tief herunterhängen – Passanten könnten mit ihnen kollidieren. Das Substrat muss feucht bleiben, Wassermangel verursacht Stress, der die Pflanze für Pilzbefall anfällig macht.

An den Kürbis wagen sich nur wenige Schädlinge, wie bei den meisten Kürbisgewächsen können sich allerdings Mehltau und Schildläuse als zähe Feinde erweisen.

Hat man ein wenig Platz zur Verfügung, kann man Spinat zu geringen Kosten auf einem wiederaufbereiteten und kompostierten Substrat anbauen.

Spinat *Spinacia oleracea*

Der Anbau ist zwar einfach, aber es besteht kein großes Interesse, ihn ohne Boden anzupflanzen. Wenn man nicht unbedingt auf ein absolut frisches Produkt ohne Pestizide besteht, ist es rentabler, bei einem Gemüsehändler zu kaufen.

Anbaubedingungen

Spinat ist wenig anspruchsvoll. Wenn man dafür sorgt, dass nie Wasser fehlt, kann man ihn gut auf einem Tisch kultivieren. Will man ein saftiges Erzeugnis haben, so darf nie übermäßig gedüngt werden.

Düngung: Ernährung Typ „Blätter“ (siehe S. 35)

Pflanzzeiten

- Aussaat: März bis Mai oder von August bis September
- Pflanzen: 2 Wochen nach der Aussaat
- Ernte: nach 5 Wochen

wenig empfindlich **volle Sonne, Halbschatten**

Aussaat **mäßig**

Besonderheiten

Durch starke Hitze wird er geschwächt. Pflanzt man ihn im August oder September, hat man länger etwas im Garten zu ernten. Egal welches Substrat man verwendet, der Spinat arrangiert sich mit dem, was er bekommt, immer vorausgesetzt, das Gießwasser kann gut ablaufen. Einziges Manko: Der Thrips schwärmt für Spinatblätter.

Bohnen sind ein Gemüse, das man gut auf dem Balkon anpflanzen kann. Ihr Schatten erfrischt, der Ertrag ist großzügig, und die Pflanze erreicht leicht mehrere Meter Länge.

Bohnen *Phaseolus vulgaris*

Das Anpflanzen von Bohnen ist ein Vergnügen. Es sind wenig anspruchsvolle Pflanzen, die eine vertikale Fläche abdecken und dann einen hübschen Schatten auf Ihren Balkon werfen können. Die Ernte kann mehrere Kilo pro Pflanze erreichen.

Anbaubedingungen

Die Stangenbohne braucht eine Kletterhilfe. Eine etwas dickere Schnur oder eine dünne Stange genügen. Hat sie keine derartige Vorrichtung, schlingt sie sich um Nachbarpflanzen. Die jungen zurückgeschnittenen Triebe sind vor Wind zu schützen, um den Stängeln Zeit zu geben, sich zu verstärken. Man bekommt die besten Ergebnisse mit gering kalkhaltigem Wasser mit einem pH-Wert möglichst nahe an 7 oder leicht darunter. Es ist eine kälteempfindliche Pflanze, die Wärme braucht.
Düngung: Ernährung Typ „Gemüse“ (siehe S. 35)

wenig empfindlich **volle Sonne, Halbschatten**
Aussaat **mäßig**

Pflanzzeiten

- Aussaat: März bis Mai abgedeckt oder ab Juni
- Pflanzen: 2 Wochen nach der Aussaat
- Ernte: Juli bis September

Besonderheiten

Die Gegenwart einer Bohnenpflanze stimuliert das Wachstum benachbarter Pflanzen.
Wenn man ab und zu vergisst, zu düngen, nehmen es die Bohnenpflanzen nicht so übel. Die Düngergabe kann einen Monat vor Saisonende eingestellt werden.
Thrips und Schildläuse siedeln sich schnell an, wenn die Pflanze unter einem Nahrungsungleichgewicht leidet.
Die Kultur von Zwergbohnen ist eine interessante Alternative für diejenigen, die keine Möglichkeit haben, Pflanzen klettern zu lassen.

Für den Bedarf einer Familie verteilt man die Aussaat in Etappen über mehrere Wochen, um die Ernte auf die ganze Saison auszudehnen.

Schnittsalat ist perfekt geeignet für Substratanbau und kleine Flächen.

Grüner Salat *Lactuca sativa*

Der Kopfsalat (*L. s.* var. *capitata*) ist eine einfach zu kultivierende Pflanze mit so gut wie sicherem Ergebnis. Allerdings ist er auf kleinen Flächen nicht sehr rentabel. Schnittsalat dagegen *L. s.* var. *crispa*) ist eher geeignet für kleine Flächen. Eine regelmäßige Ernte regt das Nachwachsen neuer Blätter an.

Anbaubedingungen

Die Pflanze muss ausreichend Wasser und Sauerstoff bekommen, ihr Stoffwechsel ist stressanfällig, was dann zuweilen eine vorzeitige Blüte auslöst. Das Substrat muss feucht gehalten werden, zu viel Wasser muss aber ablaufen können. Düngung: Ernährung Typ „Blätter" (siehe S. 35)

Pflanzzeiten

- Aussaat: von April bis Juni, mindestens 16 °C
- Pflanzen: Mai bis Juni
- Ernte: von Juni bis Oktober

wenig empfindlich **volle Sonne, Halbschatten**
Aussaat **schwach**

Besonderheiten

Ab der ersten Ernte nimmt der Schnittsalat weniger Dünger auf. Man kann ihn kultivieren, indem man den Dünger durch Fische im Wasserreservoir ersetzt. Wird die Pflanze nicht im Freien kultiviert, ist sie anfällig gegen Thrips. Der Schnittsalat kann das ganze Jahr über auf einem Kulturtisch gepflanzt werden. Im Winter sorgt eine zusätzliche Lichtquelle für kontinuierliches Wachstum.

In einem sehr steinigen Grund können die Bodentemperaturen auf über 60 °C klettern. Unter diesen Bedingungen hinterlässt Wassermangel sichtbare Spuren auf den Blättern, die dann als Schutzmaßnahme ihre Spaltöffnungen schließen.

Melone *Cucumis melo*

Um eine Melone bis zur Reife zu bringen, braucht sie viel Sonne und Wärme. Auf einem Balkon ist es mitunter schwierig, diese Bedingungen zu schaffen. Wird sie auf einem Dach mit exakter Südausrichtung kultiviert, ist es möglich, eine ergiebige Ernte mit guter Qualität zu erzeugen.

Anbaubedingungen

Die Melone wird vorzugsweise in einem wasserdurchlässigen und mindestens 30 cm tiefen Substrat kultiviert. Ihr Nährstoffbedarf ist groß und sie muss während der gesamten Wachstums- und Blütezeit gedüngt werden.

Düngung: Ernährung Typ „Gemüse“ (siehe S. 35)

unempfindlich volle Sonne

reichlich

Pflanzzeiten

- Aussaat: März–April, mindestens 15 °C
- Pflanzen: Mitte–Mai
- Ernte: August–September

Besonderheiten

Kulturen großer Früchte benötigen sehr viel Dünger und Wasser. Damit sie zur Reife gelangen, muss man ihr Wachstum genau beobachten. Die geringe Substrattiefe zwingt die Wurzeln dazu, an der Oberfläche zu bleiben. Daher sind sie besonders anfällig gegen jede Art von Stress. Bei Fehlern in der Kultivierung ist der Mehltau eine der Hauptfolgen.

Der aufrechte Wuchs der Blätter erlaubt eine dichte Pflanzung der Reihen.

Mangold *Beta vulgaris*

Mangold ist wie Grüner Salat eine einfache Kulturpflanze, die kein großes ästhetisches oder wirtschaftliches Interesse für eine bodenfreie Kultur bietet. Wer ihn dennoch kultivieren möchte, wird ihn sicher genießen.

Anbaubedingungen

Ein wasserdurchlässiges Substrat, etwas organischer Dünger, und die Pflanze gedeiht. Ihre dicken Blätter sind widerstandsfähig gegen Wassermangel.
Düngung: Ernährung Typ „Blätter" (siehe S. 35)

Pflanzzeiten

- Aussaat: März–April
- Pflanzen: Mitte Mai
- Ernte: Juni bis September

Besonderheiten

Ihr Ernährungszyklus ist noch nicht genau bekannt. Wie andere Pflanzen auch, legt sie anscheinend während des Wachstums Pausen in der Ernährung ein. Nach 7 bis 8 Wochen Wachstum reicht es aus, nur einmal pro Monat zu düngen.

unempfindlich **volle Sonne, Halbschatten**
Aussaat **mäßig**

Es gibt unzählige Sorten von Peperoni und Paprika mit teils sehr originellen Formen. Sie sind ein Muss beim Anbau ohne Boden.

Paprika *Capsicum annuum*

Gemüse- und Gewürzpaprika sind die Stars der bodenfreien Kultur. Sie sind schmackhaft und ergiebig und besonders gut für diese Anbauform geeignet. Das Wurzelwerk entwickelt sich begrenzt, was sich gut mit Nachbarpflanzen verträgt.

Anbaubedingungen

Paprikapflanzen vertragen Temperaturunterschiede und fürchten weder Krankheiten noch Schädlinge. Ihre zahlreichen Früchte gibt es in vielen unterschiedlichen Farben und sie schmecken köstlich – Ihre Geschmacksknospen werden nicht enttäuscht! Unter bestimmten Bedingungen halten sich die Pflanzen mehrere Jahre. Düngung: Ernährung Typ „Gemüse" (siehe S. 35)

Pflanzzeiten

- Aussaat: Februar–März, mindestens 20 °C
- Pflanzen: Mitte Mai
- Ernte: Juli bis Oktober

unempfindlich · volle Sonne, ¼ Schatten
Aussaat · mäßig

Besonderheiten

Setzen Sie Paprika nicht neben zu wüchsige Pflanzen, die ihnen Licht wegnehmen könnten. Das Wurzelwerk geht nicht sehr tief und verträgt sich gut mit dem anderer Pflanzen.
Ein paar Fehler beim Gießen werden zwar toleriert, regelmäßige Bewässerung während der Wachstumsphase garantiert jedoch einen ergiebigen Ertrag.
Für einen besseren Geschmack der Früchte sollte man die Düngung einen Monat vor der Ernte einstellen und die Gießhäufigkeit um 20 % reduzieren.
Die Pflanzen sind widerstandfähig gegen die meisten Schädlinge.

Experimente mit Kulturen in Balkonkästen brachten unterschiedliche Ergebnisse. Dagegen war die Ernte bei Verwendung von geotextilen Pflanztaschen gleichmäßig und von hoher Qualität.

Rhabarber *Rheum palmatum*

Temperaturen unter 20 °C mag der Rhabarber nicht, dafür ist er aber hitzeresistent. Ein leichter und reichhaltiger Boden eignet sich perfekt für die Bildung großer Blätter, was Ihnen durchaus das Gefühl geben kann, ein Profigärtner mit grünem Daumen zu sein. Lassen Sie die kühlen Frühlingstage verstreichen, bevor Sie die Pflanzen pikieren.

Anbaubedingungen

Der Rhabarber ist anspruchslos, schätzt aber eine regelmäßige Düngung. Besonders schöne Blätter bildet er in tiefem Substrat.
Düngung: Ernährung Typ „Gemüse“ (siehe S. 35)

Pflanzzeiten

- Aussaat: März–April
- Pflanzen: Mitte Mai
- Ernte: Juni bis Oktober

Besonderheiten

Rhabarber braucht Platz, und er mag keine Gesellschaft. Um sich ausbreiten zu können, benötigt er eine Fläche von mindestens 70 cm Durchmesser.
Die Pflanzen sind widerstandsfähig gegen die meisten Krankheiten.

geschützt | volle Sonne
Aussaat | reichlich

Tomate *Solanum lycopersicum*

Die Tomate ist eines der wichtigsten Fruchtgemüse für unsere Ernährung und wird in den meisten Ländern verwendet. Von trauriger Berühmtheit sind die hydroponischen Tomaten, die „unter Verschluss“ gepflanzt werden und als geschmacklos verrufen sind. Mit organischem Dünger angebaut und reif geerntet, sind sie jedoch ein Geschmackserlebnis, das uns an die Gartentomaten unserer Großeltern erinnert.

Anbaubedingungen

Auf der ganzen Welt werden Tomaten gegessen. Als *Hors-Sol*-Produktion und wettergeschützt ist ihre Kultivierung besonders weit entwickelt. Die Tomate ist eine zarte Pflanze, die sorgfältig gepflegt sein will, um ihr ganzes Potenzial entfalten zu können. Im Boden kultiviert, ist sie besonders anfällig für Pilzerkrankungen. Mit dem Einsatz von passende Substraten kann man diese Gefahr aber verringern.
Düngung: Ernährung Typ „Gemüse“ (siehe S. 35)

relativ unempfindlich

volle Sonne, Halbschatten **reichlich**

Aussaat, Setzlinge, Ableger

Pflanzzeiten

- Aussaat: April bis Juni
- Pflanzen: Mitte Mai, Juni
- Ernte: Juli bis Oktober

Besonderheiten

Hat sie genügend Platz, entwickelt sich die Pflanze fast unbegrenzt. Mit ihrem oberirdischen Umfang nimmt aber auch die Wurzelmasse zu, sodass nach mehrmonatigem Anbau der von den Wurzeln eingenommene Platz den Abfluss des Gießwassers verlangsamt.
Die Wurzeln müssen ständig mit genügend Wasser versorgt werden.
Milben, Schildläuse und Pilze sind weit verbreitete Feinde, deren Angriffen vorgebeugt werden muss.

Tomatenpflanzen müssen abgestützt werden, damit die Triebe nicht durch den Wind oder das Gewicht der Früchte abknicken.

Auf einem Balkon oder einer Terrasse werden die sogenannten zweimal tragenden Himbeersorten bevorzugt, die während der gesamten Saison Früchte tragen.

Himbeere *Rubus idaeus*

Der Himbeerstrauch ist ein kleiner ergiebiger Strauch, dessen süße und leicht säuerliche Früchte besonders geschätzt werden. Die mehrjährige Pflanze lässt sich mit guten Erträgen leicht im Topf kultivieren.

Anbaubedingungen

Außerhalb ihrer natürlichen Umgebung (Boden) lässt sich diese Pflanze nicht leicht kultivieren. Sie muss regelmäßig zurückgeschnitten werden und es ist ein Topf von ausreichender Größe (mindestens 40 cm Durchmesser) nötig, damit die Pflanze wachsen und eine zufriedenstellende Ernte liefern kann. Wie bei Erdbeerpflanzen, gibt es zweimal tragende und einmal tragende Sorten.
Düngung: Ernährung Typ „Beerenfrüchte“ (siehe S. 35)

unempfindlich **volle Sonne**
im Herbst durch Setzlinge, Vermehrung der Wurzeltriebe und Aussaat **reichlich**

Pflanzzeiten

- Aussaat: Juli bis November
- Pflanzen: Herbst
- Ernte: Juli bis Oktober

Besonderheiten

Sobald die letzte Ernte der Saison reift, muss nicht mehr gedüngt werden. Wenn man Himbeerpflanzen in einem Kübel mit Wasserreservoir kultiviert, lässt man ab dem Herbstende am Boden des Kübels ein wenig Wasser stehen, dann stoppt man die Bewässerung und startet sie wieder zu Beginn des nächsten Frühjahrs. Das Substrat muss so schwer sein, dass die Pflanze im Kübel stehen bleibt.
Achten Sie auf Wanzen, Ameisen, Milben und Pilzerkrankungen, die zu starken Ertragseinbußen führen können.

Im Sommer schätzt es der Johannisbeerstrauch, wenn er mit seinen Wurzeln in einem kühlen, ständig feuchten Substrat stehen darf. Von einem Strauch kann man bis zu 2 kg Beeren pro Jahr ernten.

Rote Johannisbeere *Ribes rubrum*

Frische Johannisbeeren bekommt man eher selten, meistens sind sie als Gelee erhältlich. Für eine eigene Ernte können die Pflanzen ohne Probleme im Topf kultiviert werden, vorausgesetzt man achtet darauf, dass sie immer gesund bleiben.

Anbaubedingungen

Wie alle Beerenfrüchte sind Rote Johannisbeeren am ertragreichsten, wenn der Strauch genügend Platz hat (siehe Himbeerstrauch).
Düngung: Ernährung Typ „Beerenfrüchte" (siehe S. 35)

Pflanzzeiten

- Aussaat: Oktober oder März, mindestens 15 °C
- Pflanzen: Oktober oder März
- Ernte: Juni bis August

unempfindlich volle Sonne

durch Setzlinge, Abnehmen der Wurzeltriebe und Aussaat reichlich

Besonderheiten

Da es Beerensträuchern eher in einem leicht sauren Substrat gefällt, können Sie den pH-Wert mit Torf und Torfmoos senken.
Ab September muss nicht mehr gedüngt werden.
Bei Kultivierung in einem Kübel mit Wasserreservoir lässt man ab dem Herbstende am Boden des Kübels ein wenig Wasser stehen, dann stoppt man die Bewässerung und startet sie wieder zu Beginn des nächsten Frühjahrs. Das Substrat muss so schwer sein, dass die Pflanze im Kübel stehen bleibt.
Anthraknose, Mehltau, Blattläuse und Milben sind die üblichen Feinde dieser Sträucher. Aber sie sind widerstandsfähig und können einen solchen Befall ohne Probleme überstehen, wenn auch mit einem bedeutenden Ertragsrückgang.

Erdbeere *Fragaria*

Es sind wunderbare Pflanzen, wohlriechend und ertragreich – man muss sie einfach im Garten haben. Sie sind ohne Einschränkung zu kultivieren.

Anbaubedingungen

Zweimal tragende Sorten tragen von Mai bis Oktober. Erdbeerpflanzen eignen sich besonders für die bodenfreie Kultur, denn ihr kompaktes Wurzelwerk übersteht die Härten des Winters gut.

Düngung: Ernährung Typ „Beerenfrüchte" (siehe S. 35)

Pflanzzeiten

- Aussaat: Februar bis April, mindestens 18 °C
- Pflanzen: April
- Ernte: Mai bis Oktober

Besonderheiten

Man kann ohne Substrat angepflanzte Erdbeeren das ganze Jahr über draußen halten, selbst wenn die Temperaturen unter 0 °C fallen. Es genügt, darauf zu achten, dass das Wasser nicht gefriert, indem man kontinuierlich bewässert. Während der Ruhephase der Pflanzen muss nicht gedüngt werden.

Wenn Erdbeeren in einem Garten mit Kräutern und Gemüsen angepflanzt werden, führt eine eingeschränkte Düngergabe manchmal zu Chlorose. Die Früchte werden rot, schmecken aber nicht besonders.

Die Pflanzen sind anfällig für Erdbeerrost, Mehltau, Anthraknose, Grauschimmel, Milben und Blattläuse.

unempfindlich | volle Sonne

Teilen der Wurzelsprossen | schwach

Es gibt Erdbeersorten mit originellen Früchten. Probieren Sie doch einfach mal Sorten, die selten im Handel erhältlich sind.

Die Schwarze Johannisbeere ist ein Beerenstrauch mit säuerlichen Früchten, die sehr reich an Vitamin C sind. Man kann den Strauch überall in Städten anbauen.

Schwarze Johannisbeere *Ribes nigrum*

Sie ist winterhart, kräftig und benötigt die gleiche Pflege wie andere Beerensträucher. Man kann mit 600 g Beeren pro Pflanze in einem Kasten von 0,4 m² rechnen.

Anbaubedingungen

Wie alle Beerensträucher kann sie das ganze Jahr gepflanzt werden, wobei für ausreichend Wasser im Frühjahr und Herbst zu sorgen ist. Im Allgemeinen wird der Strauch im Herbst für eine Ernte im darauffolgenden Sommer vermehrt.
Düngung: Ernährung Typ „Beerenfrüchte“ (siehe S. 35)

Pflanzzeiten

- Aussaat: nicht möglich
- Pflanzen: November bis März
- Ernte: Juli–August

unempfindlich | volle Sonne
Setzlinge, Ableger | reichlich

Besonderheiten

Ab Ende des Sommers muss man nicht mehr düngen.
Wenn man ihn in einem Kübel mit Wasserreservoir kultiviert, lässt man ab dem Herbstende am Boden des Kübels ein wenig Wasser stehen, dann stoppt man die Bewässerung und startet sie wieder zu Beginn des nächsten Frühjahrs.
Das Substrat muss so schwer sein, dass die Pflanze im Kübel stehen bleibt.
Um bei Kultivierung in Blähton oder Puzzolangranulat einen etwas saureren pH-Wert zu erhalten, gibt man der Mischung 5 % Torfmoos oder Kokosfasern zu. Außerdem begünstigt die Absenkung des pH-Wertes die Entwicklung von ökologischen Nischen für Mikroorganismen.

Vorsicht Ameisen! Sie sind ganz verrückt auf diese Früchte. Um sie fernzuhalten, ernten Sie die reifen Feigen und besprühen den Boden und den Topf regelmäßig mit Zitronensaft.

Feigenbaum *Ficus carica*

Es ist ein edler, leicht zu kultivierender Baum, dessen dekorative Blätter einen Wohlgeruch in ihrer Umgebung verströmen. Die Früchte sind sehr fleischig und süß.

Anbaubedingungen

Einen Feigenbaum kann man gut im Topf halten. Er ist widerstandsfähig, verträgt strenge Winter und heiße Sommer. Vorzuziehen sind die biferen Sorten für eine erste Ernte zu Beginn des Sommers und eine zweite zu Beginn des Herbstes. Kultiviert wird er in Kübeln von mindestens 50 l Fassungsvermögen. Seine Entwicklung wird durch die Kübelgröße begrenzt. Er sitzt gerne nahe an einer Wand, wo er von der tagsüber gespeicherten Wärme profitieren kann. Dünung: Ernährung Typ „Beerenfrüchte“ (siehe S. 35)

unempfindlich **volle Sonne**

hauptsächlich durch Setzlinge im März

mäßig bis reichlich

Pflanzzeiten

- Setzlinge: im März
- Pflanzen: Mai–Juni
- Ernte: Juli und Oktober ab dem zweiten Jahr

Besonderheiten

Wird er nicht im Freien kultiviert, müssen die Blätter regelmäßig mit Regenwasser gegossen werden, um Milbenbefall vorzubeugen.
Sobald die letzte Ernte der Saison gereift ist, kann das Düngen eingestellt werden.
Wenn man einen Feigenbaum in einem Kübel mit Wasserreservoir kultiviert, lässt man ab dem Herbstende am Boden des Kübels ein wenig Wasser stehen, dann stoppt man die Bewässerung und startet sie wieder zu Beginn des nächsten Frühjahrs. Feigenbäume sind recht widerstandsfähig gegen Angriffe (Feigenmilben, Feigenkrebs, Feigenblattsauger), diese beeinträchtigen ihre Lebensdauer im Allgemeinen nicht.

Die Blüten der Kosmeen sind essbar. Sie sind zwar nicht sehr saftig, geben den Salaten aber bunte Tupfer.

Kosmee *Cosmos*

Es ist eine hoch wachsende Pflanze, die den Garten mit bunten Farben schmückt. Ihr auffälliger Flor dauert während der ganzen Saison an und die essbaren Blüten ziehen Bestäuber an.

Anbaubedingungen

Kosmeen sind anspruchslose Pflanzen, die aber regelmäßig Wasser benötigen und einen neutralen pH-Wert bevorzugen.
Düngung: Ernährung Typ „Blätter“ (siehe S. 35)

Pflanzzeiten

- Aussaat: April bis Mai, Temperatur 20 °C
- Pflanzen: Mitte Mai bis Juni
- Ernte: Juni bis Oktober

Besonderheiten

Höhere Düngerkonzentrationen vertragen Kosmeen, wenn sie sich die Nährlösung mit Pflanzen teilen, die einen höheren Nährstoffbedarf haben, wie z. B. Tomaten. Gegen die meisten Schädlinge und Krankheiten sind Kosmeen widerstandsfähig.

unempfindlich **volle Sonne, Halbschatten**
Aussaat **wenig**

Angriffe durch Blattläuse sind bei dieser Pflanze erst spät zu erkennen. Kontrollieren Sie deshalb das Laub und die Stängel regelmäßig.

Kapuzinerkresse *Tropaeolum majus*

Diese Pflanze ist bei bodenfreien Anbaumethoden sehr wichtig. Sie lockt Bestäuber an, fängt Kolonien von Blattläusen ein, und ihr Wurzelwerk produziert Toxine, die Fadenwürmer eliminieren. Ihre Blüten, Früchte und Blätter sind essbar.

Anbaubedingungen

Ohne Substrat kultiviert ist das Wurzelwerk der Kapuzinerkresse recht schwach. Sie lässt sich aber verpflanzen, sofern man vorsichtig vorgeht. Düngung: Ernährung Typ „Blätter“ (siehe S. 35)

Pflanzzeiten

- Aussaat: April bis Mai
- Pflanzen: Mai bis Juni
- Ernte: Juni bis November

Besonderheiten

Man kann sie neben andere Pflanzen setzen, die mit stärkeren Düngerkonzentrationen kultiviert werden. Sie holt sich dann aus der Nährlösung, was sie braucht.

Wird sie mit anderen Pflanzen vergesellschaftet, findet sie in den meisten Fällen ihren Platz an der Sonne.

Kapuzinerkresse verhindert Angriffe durch Blattläuse auf andere Pflanzen, indem sie diese anzieht, daran dann aber oft eingeht.

unempfindlich **volle Sonne, Halbschatten**

Aussaat **mäßig**

Pflanzenschutz

Im Laufe der letzten Jahre haben sich die Methoden des Pflanzenschutzes erheblich weiterentwickelt. Der traditionelle, durchweg chemische Pflanzenschutz wird noch betrieben, verringert sich aber zugunsten einer biologischen, ganzheitlichen Vorgehensweise. Diese umweltfreundlicheren Innovationen sind auch für Amateurgärtner erhältlich. Beim Gemüseanbau in der Stadt mit dem Ziel Gemüse als Nahrungsmittel zu verwenden ist der Produzent zugleich meistens auch der Konsument. Er baut also Gemüse an, ohne den Ertrag zu günstigsten Preisen erzielen zu müssen und kann sich daher erlauben, alternative Methoden anzuwenden – Methoden, die die Belastung von Wasser und Boden sowie der Lebensmittel selbst vermeiden und den Erhalt biologischer Vielfalt anstreben.

Schädlingsbekämpfung

Schädlinge sind Tiere, die aufgrund des Fehlens ihrer natürlichen Feinde deutliche Ertragseinbußen im Gemüseanbau verursachen. Ihr Auftreten zeigt ein biologisches Ungleichgewicht der Arten an, das man genau untersuchen muss, bevor man zum Gegenschlag ansetzt.

Erkenntnisgewinne im Bereich des biologischen Pflanzenschutzes machen es der Industrie heute möglich, Insekten anzubieten, die sich von den Schädlingen ernähren. Man bezeichnet sie als Nützlinge.

Die Verwendung von Insektiziden, egal ob chemisch oder biologisch, ist auch für Nützlinge schädlich, zudem entwickeln manche Schädlinge Resistenzen und die Insektizide finden sich in unseren Nahrungsmitteln wieder. Die Auswirkungen sind bislang schwer abzuschätzen. Integrierter Pflanzenschutz ist mit Sicherheit die wirkungsvollste Methode für die städtischen Kulturen, doch man muss sie umsichtig einsetzen. Auch wenn der Einsatz von Nützlingen in der Stadt oder im Gewächshaus einfach zu handhaben ist, wird er in der freien Natur schon schwieriger, weil dort auch die endemischen Nützlinge und Schädlinge berücksichtigt werden müssen. Trotz ihrer geringen Größe zeigen Schädlinge und Nützlinge komplexe Verhaltensweisen und ausgefeilte Überlebensstrategien. Arten, die eine Gefahr für unsere Kulturen sein können, sind ausgesprochen zahlreich, doch in der Stadt beruhen die meisten Schäden auf Ausbreitung einiger weniger Arten. Dazu gehören Thrips, Blattläuse, Weiße Fliege und Spinnmilben, und in geringerem Ausmaß auch Zikaden, Wanzen und Erdflöhe.

Integrierter biologischer Pflanzenschutz wird früh in der Saison durchgeführt, bevor die ersten Anzeichen von Schädlingen sichtbar werden.

Thrips (Blasenfuß)

Thrips

Weiße Flecken der Blätter sind das charakteristische Merkmal für die wiederholten Einstiche dieser winzig kleinen Schädlinge.

Der Thrips, auch Blasenfuß genannt, gehört zu einer Familie mit über 5000 Arten, die sich mehrheitlich von Pflanzen ernähren. Ausgewachsene Thripse sind 1–2 mm groß, haben einen langen, schlanken, braunen Körper und tragen ein Flügelpaar mit Streifenmuster. Sie werden vom Wind oder durch unsere Kleidung, Werkzeuge oder das Substrat verteilt. Man bemerkt die Thripse erst, wenn sie schon in großer Menge vorhanden sind und die Blätter die Spuren der Einstiche kombiniert mit schwarzen Flecken, den Exkrementen der Tiere, aufweisen. Sie befallen bevorzugt Auberginen, Gemüsepaprika, Tomaten, alle Arten von Gurken und Bohnen, doch findet man sie auch auf vielen anderen Pflanzen, insbesondere wenn die Temperaturen über 25 °C steigen und die Luftfeuchtigkeit unter 45 % liegt. Diese Witterungsbedingungen beschleunigen das Ausschlüpfen der Larven und deren Verteilung über geschwächte Pflanzen.

Schäden: Die Fotosyntheserate sinkt und die Energie der Pflanze nimmt ab. Blüten fallen ab, bevor sich Früchte entwickeln, und in schweren Fällen wird eine Pflanze von Viren befallen, die sich in den Ausscheidungen der Thripse auf den Blättern finden. Thripse werden von gelber Farbe angezogen. Daher kann man beobachten, wie sie auf den Zucchiniblüten umherkriechen, bevor diese verwelken.

Vorbeugung: Durch sorgfältige Kontrolle der Pflanzen kann man die Invasionen verhindern. Es genügt, wenn man von Hand die ersten Individuen entfernt. Ihre Ausbreitung stagniert deutlich, wenn die Pflanzen täglich fein besprüht werden, weil Thripse das Wasser meiden. Tomaten, Gurken, Kürbis und Bohnen vertragen es nicht, wenn man sie täglich mit kalkhaltigem Wasser besprüht, vor allem sobald die Blüten treiben. Bei diesen Pflanzen besteht die Gefahr, dass sich Pilze entwickeln, die als Mehltau sichtbar werden.

Bekämpfung: Biologische Bekämpfung ist das einzige Mittel, um die Pflanzen langfristig zu schützen. *Ambliseius swirskii* sind kleine Spinnentiere, die sich von den Larven der Thripse ernähren. Sie können im Außenbereich mit zufriedenstellendem Ergebnis eingesetzt werden. Schmierseife eignet sich als natürliches, am wenigsten umweltschädliches Insektizid, auch wenn sie viele Nützlinge abtötet. Neemöl wirkt ebenfalls gut gegen Thripse, aber neuesten Untersuchungen zufolge besteht der Verdacht der Gesundheitsschädigung beim Menschen.

Blattläuse

Darunter fallen weltweit sehr viele Arten. Sie sind grün, grau, gelb, rot, schwarz, geflügelt oder auch nicht. Man findet sie in gemäßigtem Klima, in den Tropen und in arktischen Breiten. Die kleinen, Pflanzensaft saugenden Tiere bilden Kolonien an den Trieben und auf der Unterseite der Blätter. Sie schwächen besonders junge Triebe, die sich dann einrollen und verkrüppeln. Die Symptome des Blattlausbefalls zeigen sich vor allem an den Blättern. Sie deformieren sich, verschrumpeln, rollen sich ein und stellen das Wachstum ein. Blattläuse produzieren einen Honigtau, der reich an Zucker und Aminosäuren ist und von Ameisen verzehrt wird.
Wenn die Ameisen den Honigtau nicht absammeln, entwickelt sich ein Pilz, der sich in Form von schwarzen Flecken auf den Blättern zeigt, und die Fotosyntheserate sinkt.
Bevor die Läuse den Saft einsaugen, spritzen sie Speichel in die Pflanze. Als Reaktion darauf produziert die Pflanze ein Gift, um sich vor Angriffen zu schützen. Wenn die Blattläuse mit der Strategie erfolgreich sind, bleiben sie die einzigen Besetzer dieser ökologischen Nische, da die Pflanze ein Gift abgibt, das andere Insekten fern hält. Ist das Sekret der Pflanze nicht stark genug, um andere Insekten abzuwehren, dann fallen eventuell zahlreiche Schädlingsarten

Diese Gurkenpflanze leidet, ihre Blätter entfärben sich und welken. Der Ertrag verringert sich auf ein Minimum.

über die Pflanze her. Die häufigsten Symptome sind welke, deformierte oder eingerollte Blätter. Darin verbergen sich die Blattläuse.

Schäden: Durch das Heraussaugen des Pflanzensaftes wird die Pflanze geschwächt und das Wachstum verlangsamt sich. Die Blätter fallen ab, die Blüten fruchten nicht und die jungen Triebe vertrocknen. Zudem übertragen die Läuse auch pathogene Viren, die sich nur schwer behandeln lassen. Beim Erwerbsanbau des Gemüses sind die Blattläuse wirklich ertragsschädigend.

Vorbeugung: Am besten stellt man im Gemüsegarten die durch Läuse gefährdeten Pflanzen auseinander und kombiniert sie mit Pflanzen, die Fraßfeinde der Läuse anziehen. Dadurch kann man die Schäden begrenzen. Scharfe Minze vertreibt beispielsweise Läuse, während Phacelia und Steinkraut Schwebfliegen anziehen, einen sehr effizienten Nützling. Es empfiehlt sich auch, Lockpflanzen wie die Kapuzinerkresse einzusetzen, die für Blattläuse unwiderstehlich ist. Die Untersuchung der Blätter bleibt aber das beste Mittel, um das Aufkommen von Läusen zu kontrollieren. Hat man sie erst entdeckt, muss man schnell reagieren.

Bekämpfung: Die biologische Bekämpfung ist zweifellos am wirkungsvollsten. Marienkäfer und ihre Larven, Florfliegen, Schwebfliegen und auch *Aphidius colemani* agieren rasch und nachhaltig. Die Kombination von Marienkäferlarven und *Aphidius colemani* beispielweise garantiert einen guten Schutz vor Läusen. Schmierseife kann man verwenden, um sie zu ersticken.

Mottenschildläuse

Sie sind auch unter dem Namen **Weiße Fliege** bekannt. Diese kleinen stummelflügeligen Hemipteroidea werden nicht größer als 3 mm. Sie leben mit ihren Larven in Kolonien an den Blattunterseiten, wo sie den Pflanzensaft heraussaugen. Sie sind bei Ertragsgärtnern ebenso gefürchtet wie bei Amateuren, weil sie sich zunehmend zu einer gegen chemische Pestizide resistenten Pest entwickeln.

Schäden: Durch das Heraussaugen des Pflanzensaftes werden die Blätter nekrotisch und vertrocknen langsam. Wie die Blattläuse hinterlassen auch die Mottenschildläuse ein sirupartiges Sekret, das schwarze Flecken bildet und die Fotosynthese stört. Dieses klebrige Sekret bietet zudem einen Nährboden für pathogene Pilze.

Vorbeugung: Regelmäßiges Untersuchen der Blätter auf ihre Gesundheit ist unerlässlich. Rechteckige Fallen aus gelbem Papier mit einer Schicht Klebstoff helfen dabei, die Größe der Kolonien abzuschätzen, wenn man sie in der Nähe der Pflanzen aufhängt. Der Reproduktionszyklus der Mottenschildläuse beschleunigt sich um das Dreifache, sobald die Temperatur von 16 auf 26 °C ansteigt, und dauert dann nicht mehr 70 Tage, sondern nur noch 22. Wenn sie früh in der Saison entdeckt werden, kann der Befall unter Kontrolle gehalten werden, indem man die betroffenen Blätter entfernt.

Bekämpfung: Sobald sich eine Kolonie festgesetzt hat, sollten Sie am besten die betroffenen Pflanzen entfernen. Als biologische Schädlingsbekämpfung kann eine kleine grüne Wanzenart mit dem wissenschaftlichen Namen *Macrolophus caliginosus* in Kombination mit einer kleinen gelb-schwarzen Fliege namens *Encarsia formosa* eingesetzt werden. Diese beiden Nützlinge leisten bei geschütztem Anbau gute Arbeit. Draußen sind sie wirkungsvoll, wenn man sie ausbringt, sobald sich die Temperaturen der 20 °C-Marke nähern. Der Einsatz chemischer oder biologischer Insektizide ist ziemlich unwirksam.

Weiße Fliege

Spinnmilben

Nicht größer als 0,3 mm und gelbgrün oder rot gefärbt, sind diese Schädlinge gegen die meisten chemischen oder biologischen Mittel resistent. Und das Leben in der Stadt bekommt ihnen vorzüglich. Sie fühlen sich auf zahlreichen Wirtspflanzen wohl. Hohe Temperaturen und ein trockenes Klima verlangsamen den Entwicklungszyklus dieser Spinnentiere, sodass im Hochsommer mehrere Generationen gemeinsam auf derselben Pflanze leben. Sie spinnen seidige Kokons, um die Kolonie vor Regen zu schützen. Bei günstigen Witterungsbedingungen werden sie rasch auf alle erdenklichen Arten verbreitet: Kleidung, Wind, Boden, direkter Kontakt von Pflanzen zu Pflanze. Die weiblichen Exemplare verkriechen sich mit Einzug des Winters in geschützten Verstecken, Gewächshäusern und anderen Bauten. Man wird sie nur schwer wieder los.

Schäden: Zur Ernährung stechen die Spinnmilben die Blätter an und saugen die Flüssigkeit aus den Zellen. Dadurch entstehen winzige Entfärbungen. Die zahlreichen Einstiche schwächen die Pflanze, ihre Blätter werden gelb, vertrocknen und fallen ab. Die Anzahl der Kokons vermehrt sich und die Pflanze gedeiht nicht mehr weiter. Bei schwerem Befall stirbt die Pflanze ab.

Spinnmilben

Vorbeugung: Im Spätwinter desinfiziert man jedes Fleckchen, auf dem man etwas anbauen möchte. Da Spinnmilben das Wasser fürchten, werden die Oberfläche des Kultursubstrats und die Pflanzen darauf regelmäßig gewässert. Befallene Pflanzen vernichtet man sofort.

Bekämpfung: Die wirkungsvollsten chemischen Pflanzenschutzmittel verschaffen Ihnen eine Atempause von durchschnittlich vier Wochen. Danach besteht die Gefahr, dass die Spinnmilben sich wieder entwickeln. Entdeckt man einen relativ eingeschränkten Befall, kann man bei feuchtem Wetter einen Nützling namens *Phytoseiulus persimilis* einsetzen oder bei heißer, trockener Witterung *Ambliseius californicus*.

Hygiene im Gemüsegarten

Maßnahmen

Damit die Pflanzen des Gemüsegartens das ganze Jahr über gesund bleiben, sollte man einige einfache Hygieneregeln beherzigen, die unsere Pflanzen vor schädlichen Insekten, Bakterien und Pilzbefall schützen. Ist ein komplexes Ökosystem betroffen, so kann das darin herrschende natürliche Gleichgewicht die Auswirkungen dämpfen. Das Ökosystem im städtischen Umfeld ist noch zu jung, um vergleichbare Mechanismen aufzubieten. Reinigung heißt nicht Ausrottung, daher braucht der Gemüsegarten ein kleines, aktives Ökosystem, um sein eigenes Potenzial entfalten zu können.

Vor dem Anbau

Reinigen Sie die Stelle, die für den Anbau vorgesehen ist, gründlich. Wenn Sie weitere Pflanzen haben, säubern Sie die Töpfe, Anzuchthauben und den Boden. Manche Insekten in einem Ruhestadium warten nur auf das Erwachen des Gemüsegartens, um sich dann zu vermehren und alle Bemühungen zunichte zu machen. Wenn einige Ihrer Pflanzen krank oder von Schädlingen befallen sind, müssen Sie sich darum kümmern oder sie entsorgen. Der Balkon muss die gesamte Anbausaison hindurch sauber sein.

Die Anbaubehälter werden die ganze Saison über regelmäßig gereinigt.

In der Saison

Abgestorbene, sich zersetzende Blätter müssen systematisch entfernt werden. Blätter und Zweige von kranken Pflanzen werden abgeschnitten, aber nicht mit gesundem Schnittgut kompostiert. Am besten verbrennt man sie. Man sollte auch darauf achten, dass sich in den Ecken keine Häufchen von sich zersetzendem Material ansammeln.
Lassen Sie die Spinnen, die sich von Insekten ernähren, in Ruhe. Deren Netze können sehr nützlich sein, wenn sie einer Schar geflügelter Läuse im Weg sind. Generell gilt, dass alle insektenfressenden Insekten für die Pflanzen günstig sind, empfangen Sie sie also mit offenen Armen!
Wischen Sie Pfützen auf, wenn Wasser verschüttet wurde und reinigen Sie die Gartenwerkzeuge regelmäßig.

Persönliche Hygiene

Gehen Sie nicht mitten durch das Gemüse des Nachbarn, bevor Sie im eigenen Garten arbeiten, vor allem dann nicht, wenn Sie um die Diagnose eines Spinnmilbenbefalls im Endstadium gebeten wurden. Sie können sicher sein, dass Sie welche in den eigenen Garten einschleppen. Nach der Gartenarbeit, dem Arbeiten mit Erde oder Düngemitteln, waschen Sie sich einfach die Hände.

Die Tomatenstöcke müssen luftig gehalten werden. Viele Krankheiten entstehen, wenn die Blätter den Boden berühren. Die geringere Menge an Blattwerk am Fuß der Pflanzen schränkt das Befallsrisiko erheblich ein.

Verwenden Sie geeignete Werkzeuge zur Ernte und zum Pflanzenschnitt.

Schlussbetrachtung

Das typische Leben in der Stadt darf uns nicht vergessen lassen, dass Gartenarbeit auch dazu beiträgt, uns zu ernähren. Kenntnisse verschiedener Anbautechniken, die Wahl eines guten Substrats, Einschränkungen durch das Wetter, Pflanzenernährung, Kostenkontrolle, all diese Faktoren muss man berücksichtigen, um die richtigen Entscheidungen zu treffen und einen im Verhältnis zum Zeitaufwand sinnvollen Ertrag zu erzielen.

Während der vergangenen zehn Jahre hat die französische Gesellschaft *Association francaise pour la Culture Hors-Sol* für einen Ansatz geworben, der bodenfreien Anbau und nachhaltige Entwicklung ausgeglichen verbindet. Der Erfolg der Experimente führte zur Publikation dieses Buches, das viele Fragen all jener Interessenten zu beantworten versucht, die einen Teil ihrer Nahrung selbst anbauen möchten, ohne jedoch ein Stück Land zu besitzen.

Man sollte dieses aufkeimende Interesse am Gartenbau nicht als Modeerscheinung abtun. In den kommenden Jahren dürfte die Zunahme von Grünflächen zum Nahrungsmittelanbau für den Eigenbedarf oder in kleinen, rentablen Betrieben mitten in den Städten positive Auswirkungen auf die Regenwassernutzung und Verwertung organischen Abfalls zeigen.

Diese Dynamik wird wohl zur Erneuerung unserer Vorstellungen von Architektur und Urbanismus beitragen, da das Verhältnis von städtischer Funktionalität und Lebenspraktiken der Bewohner hinterfragt wird. Kann der individuelle Erfahrungsspielraum überwunden werden, um sich zu gemeinsamen Strategien hin auszuweiten, die die Entstehung von dauerhaft nutzbaren Städten fördern?

Obgleich eng an diesen weitblickenden Einsatz gebunden, ist Gartenbau dennoch ein Weg der Freizeitbeschäftigung, des Erkenntnisgewinns und der Zerstreuung für alle Menschen. Ich hoffe, Sie fanden Spaß an der Lektüre dieses Buches und ich wünsche Ihnen noch mehr Spaß bei der Praxis.

OPRIX

Register

Nützliche Adressen

Spezielle Balkonkästen (sog. „Raupen")
Firma heimgruen, Werner Hartmann Straße 1,
01099 Dresden
www.heimgruen.de

Substrate und Zubehör für Bewässerungssysteme
INTEGAR GmbH – Institut für Technologien im Gartenbau, Schlüterstr. 29, 01277 Dresden
www.integar.de

Biologischer Pflanzenschutz
Sautter und Stepper, Rosenstr. 19,
72119 Ammerbuch
www.nuetzlinge.de

Materialien und Düngemittel
Hydrozone: www.hydrozone.fr

Bildnachweis

Alle Fotos sind vom Autor mit Ausnahme der Abbildungen von:
Christoph Weller: Seiten 17, 38, 56, 57,145,149
Laure-Line Jacquier: Seiten 5, 96,156, 157
123RF: Seiten 120 (2 Aufnahmen), 129, 138, 139, 142
Alle Illustrationen stammen von Laure-Line Jacquier und Simon Mourembles.

Der Dank des Autors geht an Sonia, Victoria, Pepe, Simon, Laure-Line, Anne-Marie, Perceval, Jean-Claude und Sylvie. Und an alle nah und fern, die an der Verwirklichung dieses Buches mitgewirkt haben.

Bibliografische Information der Deutschen Nationalbibliothek
Die Deutsche Nationalbibliothek verzeichnet diese Publikation in der Deutschen Nationalbibliografie; detaillierte bibliografische Daten sind im Internet über http://dnb.d-nb.de abrufbar.

Wollgrasweg 41, 70599 Stuttgart (Hohenheim)
E-Mail: info@ulmer.de
Internet: www.ulmer.de
Lektorat: Sabine Drobik, Doris Kowalzik
Übersetzung: Sabine Hesemann
Herstellung: Thomas Eisele
Satz: r&p digitale medien, Echterdingen
Druck und Bindung: Westermann Druck Zwickau
Printed in Germany

ISBN 978-3-8001-1267-8